Guttentag'sche Sammlung

Deutscher Reichsgesetze.

Text-Ausgaben mit Anmerkungen. Taschenformat.

---

1. **Verfassung** des Deutschen Reichs. Von Dr. **L. von Rönne.** Achte neubearbeitete Auflage. 1 M. 60 Pf.

2. **Strafgesetzbuch** für das Deutsche Reich. Nebst den gebräuchlichsten Reichs-Strafgesetzen (Presse, Personenstand, Nahrungsmittel, Kranken-, Unfall-, Invalidenversicherung, Gewerbeordnung, unlauterer Wettbewerb, Depot- und Börsengesetz u. s. w.). In der vom 1. Januar 1900 ab geltenden Fassung. Von Dr. **H. Rüdorff.** Neunzehnte Auflage von Dr. **H. Appelius,** Staatsanwaltschaftsrath. Gebunden in ganz Leinen 1 M. 20 Pf.

3. **Militärstrafgerichtsordnung** für das Deutsche Reich nebst Einführungsgesetz und Gesetz, betreffend die Dienstvergehen der richterlichen Militärjustizbeamten und die unfreiwillige Versetzung derselben in eine andere Stelle oder in den Ruhestand. Vom 1. Dezember 1898. Von Dr. **P. Herz,** Geh. Admiralitätsrath. 2 M. 50 Pf.

4. **Handelsgesetzbuch vom 10. Mai 1897** unter Ausschluß des Seerechts. Mit den ergänzenden Vorschriften des Bürgerlichen Gesetzbuchs und Erläuterungen herausgegeben von **F. Litthauer,** Justizrath. Elfte unveränderte Auflage. 2 M. 25 Pf.

5. Allgemeine Deutsche **Wechselordnung.** Siebente Auflage von Dr. **E. Ball,** Rechtsanwalt, und das Reichsgesetz über die **Wechselstempelsteuer.** Sechste Auflage von Reg.-Assessor **P. Loeck.** 2 M.

6. **Reichs-Gewerbe-Ordnung** nebst Ausführungsbestimmungen. Von **T. Ph. Berger.** Unter besonderer Berücksichtigung der Bestimmungen über den Arbeiterschutz, die Organisation des Handwerks und des Lehrlingswesens fortgeführt von Dr. **Wilhelmi,** Geh. Ober-Regierungsrath. Fünfzehnte vermehrte Auflage. 2 M. 80 Pf.

7. Die deutsche **Post- und Telegraphen-Gesetzgebung.** Von Dr. **P. D. Fischer,** Unterstaatssekretär im Reichs-Postamt. Vierte Auflage. 2 M. 60 Pf.

8. Die Reichsgesetze über den **Unterstützungswohnsitz,** die **Freizügigkeit,** den **Erwerb** und **Verlust** der **Bundes- und Staatsangehörigkeit,** nebst allen landesgesetzlichen Bestimmungen. Von Geheimrath Dr. **J. Krech,** Mitglied des Bundesamtes für das Heimathwesen. Vierte Auflage. 2 M. 25 Pf.

9a. Sammlung **kleinerer privatrechtlicher Reichsgesetze.** Von **F. Vierhaus,** Geh. Ober-Justizrath. Zweite Auflage in Vorbereitung.

9b. Sammlung **kleinerer strafrechtlicher Reichsgesetze.** Von **M. Werner,** Geh. Ober-Regierungsrath. Zweite Auflage im Druck.

10. Das **Reichsbeamtengesetz** vom 31. März 1873 und seine Ergänzungen. Erläutert von **J. Pieper,** Geh. Ober-Regierungsrath. 3 M. 30 Pf.

11. **Civilprozeßordnung mit Einführungsgesetzen,** Nebengesetzen und Ergänzungen in der Fassung des Gesetzes vom 17. Mai 1898. Unter besonderer Berücksichtigung der Entscheidungen des Reichsgerichts herausgegeben mit Anmerkungen von **R. Sydow,** Direktor im Reichs-Postamt und **L. Busch,** Kammergerichtsrath. Achte Auflage. 8°. Geb. in ganz Leinen 4 M.

Dieser Band ist in größerem Format erschienen!

12. **Strafprozeßordnung nebst Gerichtsverfassungsgesetz** in der vom 1. Januar 1900 ab geltenden Fassung, nebst dem **Gesetz, betreffend die Entschädigung der im Wiederaufnahmeverfahren freigesprochenen Personen.** Von **A. Hellweg,** Reichsgerichtsrath. Zehnte Auflage. Geb. in ganz Leinen 2 M.

13. **Konkursordnung und Anfechtungsgesetz** mit Einführungsgesetz, Nebengesetzen und Ergänzungen. In der Fassung des Gesetzes vom 17. Mai 1898. Unter besonderer Berücksichtigung der Entscheidungen des Reichsgerichts herausgegeben mit Anmerkungen von **R. Sydow,** Direktor im Reichs-Postamt und **L. Busch,** Kammergerichtsrath. Achte Auflage. Geb. in ganz Leinen 1 M. 80 Pf.

14. **Gerichtsverfassungsgesetz** mit Einführungsgesetz und Nebengesetzen. In der Fassung des Gesetzes vom 17. Mai 1898. Unter Berücksichtigung der Entscheidungen des Reichsgerichts herausgegeben von **R. Sydow,** Direktor im Reichs-Postamt und **L. Busch,** Kammergerichtsrath. Achte Auflage. 1 M. 20 Pf.

15. **Gerichtskostengesetz und Gebührenordnung für Gerichtsvollzieher, Gebührenordnung für Zeugen und Sachverständige.** Mit Kostentabellen. Von **R. Sydow.** Sechste Auflage in Vorbereitung.

16. **Rechtsanwaltsordnung** für das Deutsche Reich. Von **R. Sydow.** Vierte Auflage in Vorbereitung.

17. Die **deutsche Gebührenordnung für Rechtsanwälte und das preußische Gebührengesetz** vom 27. September/6. October 1899. Unter besonderer Berücksichtigung der Entscheidungen des Reichsgerichts herausgegeben mit Kostentabelle von **R. Sydow,** Direktor im Reichs-Postamt und **L. Busch,** Kammergerichtsrath. Sechste erweiterte Auflage im Druck.

18. **Reichsstempelgesetz (Börsensteuergesetz)** mit allen Ausführungsvorschriften, vielen Tabellen, den Entscheidungen der Verwaltungsbehörden und des Reichsgerichts. Von **Gaupp,** Geh. Regierungsrath. Siebente vollständig umgearbeitete Auflage von **P. Loeck,** Regierungs-Assessor. 3 M. 30 Pf.

19. Die **Seegesetzgebung.** Nebst den Entscheidungen des Reichsoberhandelsgerichts, des Reichsgerichts und der Seeämter. Von Dr. **W. E. Knitschky,** Landgerichtsrath. Zweite Auflage. 3 M. 80 Pf.

20. **Krankenversicherungsgesetz** vom 15. Juni 1883 in der Fassung der Novelle vom 10. April 1892. Von Dr. **E. von Woedtke,** Direktor im Reichsamt des Innern. Siebente Auflage. 2 M.

21. Die **Konsulargesetzgebung** des Deutschen Reiches. Von Professor Dr. **Ph. Zorn.** Vergriffen.

22a. **Patentgesetz. Gesetz, betreffend den Schutz von Gebrauchsmustern. Gesetz, betreffend das Urheberrecht an Mustern und Modellen.** Nebst Ausführungsbestimmungen. Vierte vermehrte Auflage unter eingehender Berücksichtigung der Rechtsprechung des Reichsgerichts und der Praxis des Patentamts von Dr. **R. Stephan,** Regierungsrath, Mitglied des Kaiserlichen Patentamts. 1 M. 60 Pf.

22b. Gesetz zum **Schutz der Waarenbezeichnungen.** Nebst Ausführungsbestimmungen. Von Dr. **R. Stephan,** Regierungsrath, Mitglied des Kaiserlichen Patentamts. Vierte vermehrte Auflage. 1 M.

23. **Unfallversicherungsgesetz** und Gesetz über die Ausdehnung der Unfall- und Krankenversicherung. Von Dr. **E. von Woedtke,** Direktor im Reichsamt des Innern. Fünfte Auflage. 2 M.

24. Reichsgesetz, betreffend die **Kommanditgesellschaften auf Aktien und die Aktiengesellschaften.** Von **H. Keyssner,** Kammergerichtsrath und Dr. **H. Veit Simon,** Rechtsanwalt. Vierte Auflage. 1 M.

— Neue Bearbeitung im Druck. —

25. Reichsgesetz wegen **Erhebung der Brausteuer** vom 31. Mai 1872 mit Ausführungsvorschriften. Von **E. Bertho,** Regierungsrath. 1 M. 60 Pf.

26. Die Reichsgesetzgebung über **Münz- und Notenbankwesen,** Papiergeld, Prämienpapiere und Reichsanleihen. Von Dr. jur. **R. Koch,** Präsident des Reichsbankdirektoriums. Dritte Auflage. 2 M. 80 Pf.

27. Reichsgesetzgebung, betr. das **Gesundheitswesen** für Behörden, Aerzte 2c. Von Dr. jur. **C. Goesch** und Dr. med. **J. Karsten.** 1 M. 60 Pf.

28. Reichsgesetz, betr. die **Unfallversicherung der bei Bauten beschäftigten Personen.** Zweite Auflage. Unter Berücksichtigung der Rechtsprechung des Reichs-Versicherungsamts vollständig neu bearbeitet von **R. Chrzescinski,** Kaiserl. Regierungsrath und ständigem Mitglied des Reichs-Versicherungsamts. Erste Auflage von **L. Mugdan.** 1 M. 60 Pf.

29. Reichsgesetz, betr. die **Erwerbs- und Wirthschaftsgenossenschaften.** In der vom 1. Januar 1900 ab geltenden Fassung. Von **L. Parisius** und Dr. **H. Crüger.** Achte verbesserte Auflage. Geb. in ganz Leinen. 1 M. 50 Pf.

30. **Invalidenversicherungsgesetz** vom 13. Juli 1899, in der Fassung der Bekanntmachung vom 19. Juli 1899. Nebst allen erlassenen Ausführungsbestimmungen. Von Dr. **E. v. Woedtke,** Director im Reichsamt des Innern. Siebente wesentlich vermehrte Auflage. Geb. in ganz Leinen 2 M. 50 Pf.

31. Reichsgesetz, betr. die **Gewerbegerichte.** Von **L. Mugdan.** Vierte Auflage. Bearbeitet von **Cuno,** Stadtrath und stellvertretender Vorsitzender des Gewerbegerichts zu Königsberg i. Pr. 1 M. 80 Pf.

32. Reichsgesetz, betr. die **Gesellschaften mit beschränkter Haftung.** In der vom 1. Januar 1900 ab geltenden Fassung. Von **L. Parisius** und Dr. **H. Crüger.** Vierte vermehrte und verbesserte Auflage. 1 M.

33. Das **Vereins- und Versammlungsrecht** in Deutschland. Von Dr. **E. Ball,** Rechtsanwalt. 2 M. 25 Pf.

34 Reichsgesetz, betreffend die **Abzahlungsgeschäfte.** Vom 16. Mai 1894. Von **J. Hoffmann,** Geheimer Regierungsrath. 95 Pf.

35. Die **Reichs-Eisenbahngesetzgebung.** Von **W. Coermann,** Kaiserl. Amtsrichter. 2 M. 25 Pf.

36. Gesetze, betr. die **privatrechtlichen Verhältnisse der Binnenschiffahrt und der Flößerei.** Nach den Materialien erläutert von **H. Makower.** Unter Berücksichtigung der am 1. Januar 1900 in Kraft tretenden Reichsgesetze bearbeitet von **E. Löwe,** Landgerichtsrath. Zweite veränderte Auflage. 2 M.

37. Gesetz zur **Bekämpfung des unlauteren Wettbewerbes.** Vom 27. Mai 1896. Von Dr. **R. Stephan,** Regierungsrath. Zweite Auflage. 80 Pf.

38/39. **Bürgerliches Gesetzbuch nebst Einführungsgesetz.** In Verbindung mit Professor Dr. **André,** Amtsgerichtsrath **Greiff,** Amtsrichter **Ritgen,** Landgerichtsrath Dr. **Unzner,** s. Z. Schriftführer bei der Kommission für die zweite Lesung des Entwurfs eines Bürgerlichen Gesetzbuchs herausgegeben von Reichsgerichtsrath Dr. **A. Achilles,** s. Z. Kommissar des Reichs-Justizamts bei derselben Kommission. Zweite vermehrte und verbesserte Auflage. 8°. Gebunden in ganz Leinen. 5 M. 50 Pf.

Dieser Band ist in größerem Format erschienen!

40. Gesetz, betr. die **Pflichten der Kaufleute bei Aufbewahrung fremder Werthpapiere (Depotgesetz).** Vom 5. Juli 1896. Mit Erläuterungen, Einleitung und Sachregister. Von **F. Lusensky,** Geh. Regierungsrath. 90 Pf.

41. **Börsengesetz.** Vom 22. Juni 1896. Nebst den dazu erlassenen Ausführungsbestimmungen. Unter Mitwirkung des Geh. Ober-Regierungsrathes **A. Wermuth** bearbeitet von **H. Brendel,** Gerichts-Assessor, Hülfsarbeiter im Reichsamt des Innern. 1 M. 50 Pf.

42. **Grundbuchordnung** für das Deutsche Reich nebst den preußischen Ausführungsbestimmungen. Mit Einleitung von Professor Dr. **O. Fischer.** Zweite Auflage. Geb. in ganz Leinen 1 M. 80 Pf.

43. Die Gesetzgebung, betr. die **Zwangsvollstreckung in das unbewegliche Vermögen** im Reiche und in Preußen. Text-Ausgabe mit Einleitung, Anmerkungen, Kosten- und Gebührentabellen und Sachregister. Von Dr. **J. Krech,** Kaiserl. Geh. Regierungsrath und Professor Dr. **O. Fischer.** Zweite vermehrte Auflage. Geb. in ganz Leinen 2 M.

44. Das Reichsgesetz über das **Auswanderungswesen** vom 9. Juni 1897 nebst Ausführungsverordnungen und Anlagen. Nach den Materialien und unter Benutzung amtlicher Quellen erläutert von Professor Dr. **Felix Stoerk.** 2 M. 25 Pf.

45. Das **Handwerkergesetz** vom 26. Juli 1897. Mit ausführlichen Erläuterungen von Dr. **L. Wilhelmi,** Kais. Geh. Ober-Regierungsrath. In Vorbereitung.

46. Das Reichsgesetz über die **Angelegenheiten der freiwilligen Gerichtsbarkeit.** Mit Einleitung und Erläuterungen von **Herm. Jastrow,** Amtsgerichtsrath. 1 M. 80 Pf.

47. Das **deutsche Vormundschaftsrecht** und das preuß. Gesetz, betr. die Unterbringung verwahrloster Kinder vom 13. März 1878 nebst den dazu gehörigen Nebengesetzen und allgemeinen Verfügungen. Mit Einleitung und Erläuterungen von **Max Schultzenstein,** Oberverwaltungsgerichtsrath und Amtsgerichtsrath Dr. **Paul Köhne.** 2 M. 80 Pf.

48. Gesetze und Verordnungen, betreffend den **Drogen-, Gift- und Farbenhandel** außerhalb der Apotheken unter besonderer Berücksichtigung des Königreichs Preußen. Von Dr. **Broh,** Rechtsanwalt. 1 M. 25 Pf.

49. Die **Kolonialgesetzgebung.** Von Prof. Dr. **Philipp Zorn.** (In Vorbereitung.)

50. Der **Viehkauf** (Viehgewährschaft) nach dem Bürgerlichen Gesetzbuche. Mit Erläuterungen und Sachregister von Dr. **Hans Stölzle,** Rechtsanwalt in Kempten (Bayern). Mit einem Anhang: Verordnung, betreffend die Hauptmängel und Gewährsfristen beim Viehhandel. Vom 27. März 1899. Erläutert von **Heinrich Weiskopf,** Königl. Kreisthierarzt in Augsburg. 1 M. 50 Pf.

51. **Hypothekenbankgesetz** vom 18. Juli 1899. Von Dr. **Heinrich Göppert,** Gerichts-Assessor. Geb. in ganz Leinen 1 M. 80 Pf.

52. Die Reichsgesetzgebung über den Verkehr mit **Nahrungsmitteln, Genußmitteln und Gebrauchsgegenständen.** Von Dr. **Lebin,** Nahrungsmittelchemiker. In Vorbereitung.

Guttentag'sche Sammlung

Preußischer Gesetze.

Text-Ausgaben mit Anmerkungen. Taschenformat.

---

1. **Verfassungs-Urkunde** für den Preußischen Staat nebst Ergänzungs- und Ausführungs-Gesetzen. Mit Einleitung und Kommentar von Prof. Dr. **Adolf Arndt.** Dritte Auflage. 2 M. 25 Pf.

2. Preußische **Beamten-Gesetzgebung.** Enthaltend die wichtigsten Beamtengesetze in Preußen. Von **C. Pfafferoth.** Dritte Auflage. 1 M. 50 Pf.

3. Die Preuß. Gesetzgebung, betr. die **Zwangsvollstreckung in das unbewegliche Vermögen.** Von Dr. **J. Krech,** Kais. Geh. Regierungs-Rath und Prof. Dr. **O. Fischer.** Dritte Auflage. Vergriffen.

4. Die Preuß. Gesetze, betr. das **Notariat** einschließlich der **Gebührenordnung** für **Notare** vom 25. Juni 1895. Dritte Auflage. Von **R. Sydow,** Geh. Ober-Postrath, und Kammergerichtsrath **A. Hellweg.** 1 M. 60 Pf.

5. Gesetz vom **24. April 1854 (betr. die außereheliche Schwängerung)** und die daneben geltenden Bestimmungen des Allgemeinen Landrechts nebst den dazu ergangenen Präjudikaten. Von Dr. **Schulze.** 75 Pf.

6. Die Preußischen **Ausführungsgesetze und Verordnungen zu den Reichs-Justizgesetzen.** Von **R. Sydow.** Dritte vermehrte Auflage. 2 M. 40 Pf.

7. **Allg. Gerichtsordnung** vom 6. Juli 1793 und Preuß. **Konkursordnung** vom 8. Mai 1855. Von **F. Vierhaus,** Geh. Ober-Justizrath. 2 M. 50 Pf. Vergriffen.

8. **Vormundschaftsordnung** vom 5. Juli 1875, nebst allen Nebengesetzen und den dazu erlassenen Allgemeinen Verfügungen. Von Oberverwaltungsgerichtsrath **Schultzenstein.** Dritte Auflage. 1 M. 50 Pf.

9. Die Preußische **Grundbuchgesetzgebung.** Mit Einleitung, Formularen, Kosten- und Stempeltabellen. Von Prof. Dr. **Fischer.** Dritte Auflage. Vergriffen.

10. **Einkommensteuergesetz.** Vom 24. Juni 1891. Von Geheimrath **Meitzen.** Vierte vermehrte Auflage von **A. Fernow,** Ober-Regierungsrath. 1 M. 50 Pf.

11. **Gewerbesteuergesetz.** Vom 24. Juni 1891. Von **A. Fernow,** Ober-Regierungsrath. Dritte vermehrte Auflage. 1 M. 25 Pf.

12. **Allgemeines Berggesetz** für die Preußischen Staaten. Von **E. Engels,** Ober-Bergrath. Zweite Auflage. 1 M. 60 Pf.

13. **Ergänzungssteuergesetz** (Vermögenssteuergesetz). Vom 14. Juli 1893. Von **A. Fernow,** Ober-Regierungsrath. Zweite vermehrte Auflage. 1 M.

14. **Kommunalabgabengesetz.** Vom 14. Juli 1893, und Gesetz wegen Aufhebung direkter Staatssteuern. Vom 14. Juli 1893. Von **F. Adickes,** Oberbürgermeister. Zweite Auflage. 1 M. 25 Pf.

15. Die **Kreisordnungen** für den Preußischen Staat. Von **O. Kolisch,** Landgerichtsrath. 4 M.

16. Preuß. Ausführungs-Anweisung zu §§. 16 u. ff. der Reichs-Gewerbe-Ordnung, betr. **Genehmigung gewerblicher Anlagen.** Von Dr. **von Rüdiger,** Regierungs- und Gewerberath. 1 M. 50 Pf.

17. Preußisches **Gerichtskostengesetz.** In der Fassung der Bekanntmachung vom 6. Oktober 1899. Mit Kostentabellen. Von Dr. **P. Siméon,** Landrichter. Dritte Auflage. Geb. in ganz Leinen. 1 M. 80 Pf.

18. Preußisches **Stempelsteuergesetz.** Vom 31. Juli 1895. Nebst den Ausführungsbestimmungen und

ausführlichen Tabellen. Von **B. Gaupp,** Geh. Regierungsrath und Regierungsassessor **P. Loeck.** Vierte Auflage. 3 M. 30 Pf.

19. **Jagdscheingesetz.** Vom 31. Juli 1895. Mit ausführlichen Erläuterungen nebst der Ausführungsanweisung vom 2. August 1898 und den Gesetzbuchmaterialien. Von **F. Kunze,** Wirklichem Geh. Ober-Regierungsrath. Zweite Auflage. Geb. in ganz Leinen 2 M.

20. Gesetz, betr. die **Erbschaftssteuer.** Vom 19./24. Mai 1891 unter Berücksichtigung der Novelle vom 31. Juli 1895. Mit ausführlichen Erläuterungen von **P. Loeck,** Regierungsassessor. 1 M. 80 Pf.

21. Gesetz über die **Handelskammern.** Vom 19. August 1897. Mit Erläuterungen, geschichtlicher Einleitung sowie einer Uebersicht des Bestandes der kaufmännischen Vertretungen. Von **F. Lusensky,** Geh. Regierungsrath und vortragender Rath im Ministerium für Handel und Gewerbe. 3 M.

22. Gesetz, betr. **Anstellung und Versorgung der Kommunalbeamten.** Vom 30. Juli 1899. Mit einem Anhang, enthaltend die Ministerialanweisung vom 12. October 1899. Von Dr. **W. Ledermann,** Magistratsassessor zu Berlin. 1 M. 25 Pf.

23. **Ausführungsgesetz zum Bürgerlichen Gesetzbuche.** Von Landrichter Dr. **P. Siméon.** 1 M. 60 Pf.

52000. II. 1900. V.

Guttentag'sche Sammlung
Nr. 11. Preußischer Gesetze. Nr. 11.
Text-Ausgaben mit Anmerkungen.

Gewerbesteuergesetz.

Vom 24. Juni 1891.

Text-Ausgabe mit Anmerkungen und Sachregister

bearbeitet von

A. Fernow,
Ober-Regierungsrath zu Breslau.

Dritte, vermehrte und verbesserte Auflage.

Berlin SW. 48.
Wilhelmstraße 119/120.
J. Guttentag, Verlagsbuchhandlung,
G. m. b. H.
1899.

Inhaltsverzeichniß.

Abkürzungen.

A. = Ausführungsanweisung vom 4. November 1895 zum Gewerbesteuergesetz.
A.f.B. = Anweisung vom 5. März 1894 zur Veranlagung der Betriebssteuer.
Abg.H. = Abgeordnetenhaus.
ALR. = Allgemeines Landrecht.
Anm. = Anmerkung.
Art. = Artikel.
BGB. = Bundesgesetzblatt.
CPO. = Civilprozeßordnung.
FME. = Finanz-Ministerial-Erlaß.
Komm.Ber. = Bericht der Kommission des Abgeordnetenhauses.
Kr.O. = Kreisordnung.
Reg.Vorl. = Regierungsvorlage.
RGB. = Reichsgesetzblatt.
RGO. = Reichsgewerbeordnung.
RStr.GB. = Reichsstrafgesetzbuch.
Verh. = Verhandlungen des Abgeordnetenhauses.

Einleitung.

Die erste allgemeine Gewerbesteuer führte in den damals zum preußischen Staate gehörigen Landestheilen das Edikt vom 2. November 1810 (Gesetz-Samml. S. 79) ein. Veranlaßt, wie die Einleitungsworte besagen, durch die Nothwendigkeit, „auf eine Vermehrung der Staatseinnahmen zu denken", wurde für Alle, welche in Städten oder auf dem platten Lande ein Gewerbe betreiben, die Verpflichtung zur Lösung eines Gewerbescheines eingeführt, dessen Betrag nach einem Tarif in sechs Klassen je nach Art, bezw. Umfang und Einträglichkeit des Gewerbebetriebes bestimmt wurde.

Die Bestimmungen des Edikts von 1810 wurden bald wieder beseitigt und zwar durch das Gesetz vom 30. Mai 1820 wegen Entrichtung der Gewerbesteuer (Gesetz-Samml. S. 147).

Im Gegensatz zu dem Prinzipe des Edikts von 1810, welches alle Gewerbe mit Ausschluß allein der ausdrücklich als steuerfrei bezeichneten, zur Steuer heranzog und darin sogar so weit ging, daß selbst Kunst und Wissenschaft als pflichtig angesprochen wurden, stellte das Gesetz vom 30. Mai 1820 an seine Spitze den

Grundsatz, daß fortan nur die ausdrücklich bezeichneten Gewerbebetriebe steuerpflichtig, alle andern steuerfrei sein sollten. Als steuerpflichtig führt § 2 des Gesetzes folgende Kategorien auf:

1. den Handel,
2. die Gastwirthschaft,
3. das Verfertigen von Waaren auf den Kauf,
4. den Betrieb von Handwerken mit mehreren Gehülfen,
5. den Betrieb von Mühlenwerken,
6. das Gewerbe der Schiffer, der Fracht- und Lohnfuhrleute, der Pferdeverleiher und diejenigen Gewerbe, die von umherziehenden Personen betrieben werden.

Aus diesen steuerpflichtigen Arten des Gewerbebetriebes bildete das Gesetz 11 Klassen, indem der Handel in Handel mit kaufmännischen Rechten und ohne solche geschieden, das Verfertigen von Waaren auf den Kauf in die Klassen der Bäcker, Fleischer, Brauer und Branntweinbrenner zerlegt und für das Handwerk, die Gast- und Schankwirthschaft, das Müller-, das Fuhrmanns- und Schiffergewerbe, endlich für das Hausirgewerbe je eine besondere Klasse eingerichtet wurde.

An dem Bestande dieser Klassen fanden jedoch in der Folgezeit mehrfache Veränderungen statt. Zunächst nahm das Hausirgewerbe, für welches die Entrichtung der Steuer in der Form der Einlösung eines Gewerbescheines beibehalten blieb, seine vollständig gesonderte Entwickelung. Sodann wurden die Branntweinbrennereien durch die Kabinetsordre vom 10. Januar 1824 von der Gewerbesteuer des Gesetzes vom 30. Mai 1820 mit Rücksicht auf die Einführung der Maischbottichsteuer an Stelle des früheren Blasenzinses gänzlich befreit. Durch das Gesetz vom 19. Juli 1861 (Gesetz-Samml. S. 697) wurde der Handel unter Hinzurechnung des fabrikmäßigen Verfertigens von Waaren auf den Kauf in drei Klassen formirt, indem der Klasse A I die Betriebe von bedeutendem, der Klasse A II diejenigen von mittlerem Umfange, der Klasse B die Geschäfte der geringsten Art zugewiesen wurden. Die besondere Klasse der Müller beseitigte sodann das Gesetz vom 20. März 1872 (Gesetz-Samml. S. 285), indem es die Mühlenbetriebe von bedeutenderem Umfange den Handelsklassen A I und A II überwies und diejenigen von geringfügiger Bedeutung in die Handwerkerklasse einrangirte. Endlich hob dann noch das Gesetz vom 5. Juni 1874 (Gesetz-Samml. S. 219) die Klassen der Bäcker, Fleischer und Brauer auf und theilte auch diese Gewerbebetriebe den Handelsklassen zu.

Sonach waren schließlich folgende Klassen übrig geblieben:

1. Klasse A I, Großhandel,
2. „ A II, Handel in mittlerem Umfange,
3. „ B, Handel in geringem Umfange,
4. „ C, Gast- und Schankwirthschaft, einschließlich der Speisewirthschaft und des Zimmervermiethens,
5. „ H, Handwerk,
6. „ K, Transportgewerbe.

Von diesen Klassen stand hinsichtlich der Steuerveranlagung die Klasse K ganz für sich allein, indem in ihr von jedem Pferde, bezw. nach der Zahl der Schiffslasten feste Sätze erhoben wurden. Die übrigen Klassen wurden gleichmäßig nach Mittelsätzen besteuert. Nach ihrer Größe und industriellen Bedeutsamkeit waren sämmtliche Orte des Staates in vier Gewerbesteuerabtheilungen, bezw. für die Klasse A I in zwei Gewerbesteuerabtheilungen einrangirt. Nach Maßgabe dieser Abtheilungen setzte das Gesetz sich abstufende Mittelsätze fest, nach welchen sich durch Multiplikation mit der Zahl der im einzelnen Rollenbezirk vorhandenen Gewerbetreibenden der betreffenden Klasse das von der Klasse aufzubringende Jahressteuersoll berechnete. Dieses Jahressteuersoll vertheilten in den Klassen A I, A II und C von der Gesammtheit der Steuerpflichtigen der betreffenden Klasse des Rollenbezirks (Steuergesellschaft) aus ihrer Mitte gewählte Abgeordnete, in den Klassen B und H die Veranlagungsbehörde unter Zuziehung von sachverständigen Gewerbetreibenden auf die einzelnen Mitglieder der Klasse je nach der Einträglichkeit und dem Umfang ihrer Betriebe unter Innehaltung gewisser vorgeschriebener Abstufungen der Steuersätze und bestimmter Minimalsätze.

Diese soeben geschilderte Art der Besteuerung, in ihrer auf dem Gesetz von 1820 beruhenden Basis, aber auch in der Entwickelung, die sie durch die späteren Gesetze, namentlich durch das Gesetz vom 19. Juli 1861 genommen hat, war auf einen von der Gegenwart weit übertroffenen Zustand des Handels und der Industrie unseres Staates zugeschnitten. Der enormen Bedeutung, welche seitdem der Großhandel und die Fabrikation erlangt haben, konnte durch die Besteuerung der hervorragenden Betriebe in der Klasse A I nicht gebührend Rechnung getragen werden, da das Kontingent dieser Klasse in Folge der Besteuerung nach Mittelsätzen feststand, die geringsten Betriebe der Klasse immerhin mit dem vorgeschriebenen niedrigsten Satze belegt werden mußten und daher eine auch nur annähernd ausreichende und zutreffende Belastung der größten Geschäfte nicht angängig war.

Allgemein wurde dieser Mißstand empfunden, und alle laut gewordenen Wünsche nach Reorganisation der Gewerbesteuer haben bei diesem Punkt eingesetzt. Die aus demselben resultirende Entlastung der leistungsfähigen Großbetriebe wurde umsomehr beklagt, als auf der anderen Seite ohne Zweifel eine unverhältnißmäßig hohe Belastung der geringfügigsten Gewerbebetriebe, namentlich der kleinen Händler und der Handwerker bestand. Als erstrebenswerthes Ziel für eine Neugestaltung der Gewerbesteuer wurde daher allgemein auch eine Erleichterung dieser Gewerbetreibenden angesehen.

Auch nach anderen Richtungen war die bisher gültige Gewerbesteuer-Gesetzgebung längst nicht mehr zeitgemäß. Die Eintheilung der Orte des Staates in die Gewerbesteuerabtheilungen und die Bemessung der Mittelsätze hiernach stand z. B. durchaus nicht mehr im Einklang mit der Ausgestaltung des heutigen Verkehrs und der modernen Verkehrsmittel. Für die Groß-Fabrikation und eine Reihe von Handelsbetrieben ist heute die Belegenheit der Betriebsstelle an einem mehr oder minder großen, bezw. auch sonst noch industriellen Platze ohne jeden Belang. Vielfach haben sich Gewerbetreibende mit großen Unternehmungen in kleinen Städten oder auf dem platten Lande niedergelassen, lediglich mit Rücksicht auf die dort noch günstigeren Lohnverhältnisse, auf brauchbare Wasserstraßen u. s. w., ohne daß für sie die Bedeutung des Ortes selbst irgend in Betracht kommt. Trotzdem genossen solche Gewerbetreibende die Vortheile des für diese unbedeutenderen Orte niedrig bemessenen Mittelsatzes. In richtiger Erkennung dieses Uebelstandes hatte man bereits in anderen Staaten z. B. wenigstens größtentheils in Bayern, die auch dort üblich gewesene Abstufung der Steuer nach Ortsstufen aufgegeben.

Ebenso unzutreffend erwies sich mit der Zeit die Eintheilung der Gewerbebetriebe in die oben genannten Steuerklassen.

Zunächst entzog sich eine Anzahl von Gewerbebetrieben gänzlich der Besteuerung, allein aus dem Grunde, daß es nicht möglich war, dieselben in eine der bestehenden Gewerbesteuerklassen einzurangiren. Hierzu gehören bedeutende und durchaus leistungsfähige Gewerbebetriebe, wie z. B. die Theater, Schaustellungen anderer Art, Straßenbahnen mit Dampfbetrieb u. s. w., zu deren Freilassung von der Gewerbesteuer nicht der mindeste Grund vorliegt. Theater-

Unternehmer unterliegen der Hausirsteuer nach den Bestimmungen des Gesetzes vom 3. Juli 1876, wenn sie außerhalb ihres Wohnortes das in diesem Falle zumeist geringfügigere Gewerbe ausüben und blieben frei von der Steuer vom stehenden Gewerbebetriebe, wenn sie noch so umfangreiche und ergiebige Geschäfte am Wohnorte machten. Straßenbahnen mit Pferdebetrieb unterlagen der Besteuerung in der Klasse K, Straßenbahnen mit Dampf- oder elektrischer Betriebskraft blieben ohne jeden Grund von der Gewerbesteuer verschont.

Hinsichtlich der Handelsklassen litt die Abgrenzung der einzelnen Klassen A I, A II und B von einander an erheblichen Ungleichmäßigkeiten, da naturgemäß je nach der Größe, industriellen Bedeutung und größeren Wohlhabenheit der einzelnen Veranlagungsbezirke des Staates eine sehr verschiedene Auffassung und Auslegung der vom Gesetz zur Unterscheidung der einzelnen Klassen als maßgebend bezeichneten, höchst relativen Begriffe des „mittleren, bedeutenden und geringsten" Umfangs vorherrschen mußte.

Nicht minder schwierig war es, die Grenze zwischen anderen Klassen, z. B. zwischen der Handwerkerklasse und den Handelsklassen zu finden; das „nicht handwerksmäßige" Verfertigen von Waaren auf den Kauf war der Besteuerung in den Handelsklassen zugewiesen, für die Beurtheilung aber, ob „handwerkmäßiges" oder „fabrikmäßiges" Verfertigen von Waaren auf den Kauf vorlag, war ein Maßstab vom Gesetz nicht gegeben. Die Praxis mußte diese Unterscheidung von Fall zu Fall treffen; Ungleichmäßigkeiten mangels jeglichen Anhalts für die Entscheidung der Frage waren unvermeidlich, für den Gewerbetreibenden aber oft recht empfindlich, da z. B. in der IV. Gewerbesteuerabtheilung der Mittelsatz in Klasse B 6 Mark, in Klasse H 12 Mark betrug, durch Zuweisung zu der einen oder anderen Klasse der Gewerbetreibende also sehr wohl ganz verschieden belastet werden konnte.

Schließlich wurde auch der Umstand lästig empfunden, daß Gewerbetreibende, welche, wie es häufig vorkam, mehrere in verschiedenen Klassen steuerpflichtige Gewerbe betrieben, nun auch in verschiedenen Klassen zur Steuer herangezogen werden mußten, obschon eigentlich die Gewerbebetriebe untereinander in untrennbarem Zusammenhange standen. Es sei beispielsweise erinnert an den Hôtelwirth, der zur Abholung seiner Gäste von der Eisenbahn Omnibusfuhrwerk mit 2 Pferden unterhält und außer in Klasse C noch besonders in Klasse K steuern mußte, an den Spediteur, der außer in einer der Handelsklassen gleichfalls auch noch in Klasse K herangezogen wurde. Eine solche doppelte Besteuerung stand häufig durchaus nicht im Verhältniß zu der Bedeutung der Betriebe und enthielt eine Ueberlastung solcher Gewerbetreibenden gegenüber den Unternehmern umfangreicherer und einbringlicherer Betriebe, welche zufälliger Weise nur einer Klasse unterfielen. Mit Rücksicht auf diese vielen Fehler und Mängel war eine Reorganisation der Gewerbesteuer längst erforderlich geworden und es konnte der Finanzminister Miquel in der Sitzung des Abgeordnetenhauses am 26. November 1890 mit Recht sich dahin äußern: „ich glaube bezüglich keiner Steuer ist die Reformbedürftigkeit in der gesammten Bevölkerung allgemeiner anerkannt, als bezüglich der Gewerbesteuer".

Die Staatsregierung faßte deshalb gleichzeitig mit der Neugestaltung der Einkommensteuer auch eine solche der Gewerbesteuer ins Auge. Nach Aufstellung der Grundzüge eines neuen Gesetzes wurden in der sorgfältigsten Weise dessen voraussichtliche praktische Ergebnisse durch Probeveranlagungen festgestellt, welche die Regierung in den zur I. Gewerbesteuerabtheilung gehörigen Städten Berlin und Breslau und in mehreren Städten beziehungsweise Kreisen der II., III. beziehungsweise IV. Gewerbesteuerabtheilung der Regierungsbezirke Erfurt, Minden, Düsseldorf und Frankfurt a/O. stattfinden ließ. Auf diese Unterlagen gründete sich der Entwurf, welcher auf Grund Allerhöchster Ermächtigung des Finanzministers vom 17. November 1890 unter demselben Tage dem Abgeordnetenhause zur Beschlußfassung unterbreitet wurde. Nach der in der Sitzung vom 26. November 1890 begonnenen und beendeten ersten Lesung wurde der Entwurf vom Abgeordnetenhause einer Kommission von 21 Mitgliedern überwiesen, welche denselben in 11 Sitzungen eingehend berieth und mit mehrfachen Aenderungen und Ergänzungen, aber ohne einschneidende und prinzipielle Umgestaltungen, mit Bericht vom 29. Januar 1891 an das Plenum zurückgelangen ließ. In 5 Sitzungen erledigte vom 7. bis

12. März das Abgeordnetenhaus die zweite Lesung, worauf am 14. März die dritte Lesung stattfand. Auch im Herrenhause wurde der Entwurf in einer Kommission vorberathen, gelangte aber in dieser und im Plenum zur unveränderten Annahme nach Maßgabe der Feststellungen des Abgeordnetenhauses.

Hierauf ist unter dem 24. Juni 1891 der Entwurf auf Seite 205 ff. der Gesetz-Sammlung als Gesetz publizirt worden.

Die Staatsregierung mußte bei der Gestaltung der Gewerbesteuer nach diesem Gesetze davon ausgehen, daß die Finanzlage des Staates eine erhebliche Herabminderung des Gesammtertrages der Gewerbesteuer nicht gestattete. Es hat deshalb dafür Sorge getragen werden müssen, daß die durch die in erster Linie gebotene Entlastung der minder Leistungsfähigen entstehenden Ausfälle durch stärkere Belastung der steuerkräftigeren Betriebe ausgeglichen werden. Eine Erzielung von Mehreinnahmen aus der Gewerbesteuer wurde dagegen nicht bezweckt. Es ist deshalb im § 81 des Gesetzes Bestimmung dahin getroffen worden, daß, wenn das Veranlagungssoll des Jahres 1893/94 — des ersten Jahres, für welches nach § 82 das Gesetz zur Anwendung kommen soll — um mehr als 5 % hinter der Summe von 19 811 359 Mark, welche als Veranlagungssoll des Jahres 1893/94 in der Annahme, daß der Ertrag der Gewerbesteuer wie in den Vorjahren sich weiter steigere, berechnet worden ist, zurückbleiben sollte, eine entsprechende Erhöhung des Prozentsatzes für die Klasse I und der Mittelsätze für die anderen Klassen durch Königliche Verordnung stattfinden soll. Ebenso soll aber auch, wenn das Veranlagungssoll jenes Jahr um mehr als 5% die genannte Summe übersteigt, eine entsprechende Ermäßigung vorgenommen werden.

Das Gesetz hat die Eintheilung der Betriebsorte in Gewerbesteuerabtheilungen und der Gewerbsarten in Steuerklassen gänzlich verworfen. Die Gewerbesteuer wird nach demselben nach Maßgabe des Betriebsertrages und subsidiär nach Maßgabe der Höhe des Anlage- und Betriebskapitales erhoben. Nach diesen Gesichtspunkten werden die Gewerbebetriebe in 4 Klassen eingeschätzt, von welchen

die I. diejenigen Gewerbebetriebe enthält, deren jährlicher Ertrag 50000 Mark oder mehr, oder bei denen der Werth des Anlage- und Betriebskapitales 1 000 000 Mark oder mehr beträgt.

Klasse II umfaßt die Betriebe mit einem jährlichen Ertrage von 20000 Mark bis ausschließlich 50000 Mark, oder mit einem Anlage- und Betriebskapitale im Werthe von 150 000 Mark bis ausschließlich 1 000 000 Mark.

Zur Klasse III gehören die Betriebe mit einem jährlichen Ertrage von 4000 Mark bis ausschließlich 20 000 Mark oder mit einem Anlage- und Betriebskapitale im Werthe von 30 000 Mark bis einschließlich 150 000 Mark.

Klasse IV endlich umfaßt die Betriebe mit einem jährlichen Ertrage von 1500 Mark bis ausschließlich

4000 Mark, oder mit einem Anlage- und Betriebs-kapitale im Werthe von 3000 Mark bis ausschließlich 30 000 Mark.

Im Gegensatz zu den Vorschriften des bisherigen Gewerbesteuergesetzes nimmt das neue Gesetz prinzipiell alle Gewerbebetriebe als pflichtig in Anspruch, welche nicht ausdrücklich in den die „Befreiungen" behandelnden §§ 3, 4 und 5 als steuerfrei bezeichnet werden. Von diesen Paragraphen enthält § 3 die auf persönlichen, § 4 die auf sachlichen Gründen beruhenden Befreiungen, während § 5 sich speziell mit dem Gewerbebetriebe von Vereinen, Genossenschaften ꝛc. beschäftigt.

Aus der Aufgabe der Klasseneintheilung folgt, wie § 17 ausdrücklich erwähnt, daß sämmtliche Gewerbebetriebe derselben Person als ein steuerpflichtiges Gewerbe zur Steuer herangezogen werden. Die Bestimmungen über die sich hieraus ergebenden und die sonst zur Anwendung kommenden Veranlagungsgrundsätze und über den Ort der Veranlagung sind in den §§ 17 bis 24 enthalten. Besonderer Erwähnung bedürfen die §§ 22 und 23, welche die wichtigen Vorschriften über die Ermittelung des Ertrages wie auch des Anlage- und Betriebskapitals enthalten. Im § 22 wird auch der vielfach angefochtene, unmittelbar aus dem Charakter der Gewerbesteuer als einer Ertragssteuer folgende Grundsatz aufgestellt, daß die Zinsen für das Anlage- und Betriebskapital, dasselbe mag dem Gewerbetreibenden selbst oder Dritten gehören und für Schulden, welche behufs Anlage oder Erweiterung des Geschäfts, Verstärkung des Betriebskapitals oder zu sonstigen Verbesserungen aufgenommen werden, bei der Berechnung des für die Gewerbesteuer maßgebenden Geschäftsertrages nicht abzugsfähig sind.

Die Besteuerung findet in der I. Klasse anders als in den übrigen Klassen statt. Die dieser Klasse angehörigen Gewerbebetriebe steuern 1 % des Ertrages mit der Maßgabe, daß die Steuer bei einem Ertrage von 50000 bis 54800 Mark 524 Mark beträgt und von da die Stufen um je 4800 Mark, die Sätze um je 48 Mark steigen. Es sind jedoch auch geringere Sätze bis 300 Mark herunter für diejenigen Betriebe zugelassen, welche nur vermöge des Werthes des Anlage- und Betriebskapitals der Klasse I zugetheilt worden sind.

Für die Klassen II, III und IV ist das System der Besteuerung nach Mittelsätzen, wenn es auch während der Berathungen über das Gesetz mehrfach angegriffen worden ist, schließlich aus praktischen Gründen beibehalten worden. Man konnte nicht verkennen, daß gerade dieses System der Mittelsätze es gewesen war, welches das bisherige Gesetz trotz seiner vielen Fehler so lange erhalten hatte und mußte sich gestehen, daß dasselbe sich als durchaus bewährt erwiesen und in der gewerbetreibenden Bevölkerung populär geworden war. Auch mußte man sich vorhalten, daß durch die Besteuerung nach Mittelsätzen die großen Schwierigkeiten der individuellen Ertragsermittelung für die zahlreichen Gewerbetreibenden der Klassen II, III, IV erspart werden, und daß dieselbe auch am besten die Möglichkeit der Berücksichtigung aller Verhältnisse des einzelnen Pflichtigen gewährt.

Die für die einzelnen Klassen zur Anwendung kommenden Mittelsätze sind im § 14 verzeichnet. Unter Zugrundelegung dieser Sätze berechnet sich das Soll jeder Steuergesellschaft, d. h. der sämmtlichen Gewerbetreibenden der Klasse innerhalb des Veranlagungsbezirks, wie deren Zahl durch die namentliche Nachweisung (§ 29) festgestellt worden ist. Es wird nämlich mit der also ermittelten Zahl der Gewerbetreibenden der Mittelsatz multiplizirt und zu dieser Summe der durch die Entscheidungen über Rechtsmittel gegen die Veranlagung des Vorjahres entstandene Abgang zugeschlagen, dagegen der in derselben Weise verursachte Zugang von dem Ergebniß gekürzt. Nachdem die so ermittelte Summe auf den durch die zulässigen Steuersätze darstellbaren Betrag abgerundet worden, ergiebt sich das Jahressoll der Steuergesellschaft. Dieses Jahressoll vertheilen von der Steuergesellschaft aus ihrer Mitte gewählte Abgeordnete (Steuerausschuß) auf die einzelnen Mitglieder unter Innehaltung gesetzlich vorgeschriebener Abstufungen (§ 14 Schlußsatz) nach ihrer Kenntniß oder Schätzung des Ertragsverhältnisses der einzelnen Betriebe.

Die Behörden, welchen in Klasse I die Veranlagung, in den anderen Klassen die Feststellung der namentlichen Nachweisungen und die Vertheilung der Steuersumme auf die einzelnen Gewerbebetriebe zusteht, werden Steuerausschüsse genannt.

Sie bestehen aus einem Vorsitzenden, den in Klasse I der Minister, in den anderen Klassen die Regierung ernennt, und aus Abgeordneten, die in den Klassen II bis IV von den Mitgliedern der Steuergesellschaft aus ihrer Mitte gewählt, in Klasse I zu zwei Dritteln vom Provinzialausschuß bezw. in Berlin vom Magistrat und der Stadtverordnetenversammlung in gemeinschaftlicher Sitzung gewählt, zu einem Drittel vom Finanzminister ernannt werden.

Veranlagungsbezirke bilden in der Regel für Klasse I die Provinzen, für Klasse II die Regierungsbezirke, für Klasse III und IV die Kreise.

Die den Steuerpflichtigen gegen die ihnen bekannt gemachte Einschätzung zustehenden Rechtsmittel sind in den §§ 35 bis 37 behandelt. Die Reihenfolge derselben ist: Einspruch an den Steuerausschuß, der die Veranlagung bewirkt hat, Berufung an die Regierung und falls die Gründe des § 37 Ziffer 1 und 2 vorliegen, Beschwerde an das Oberverwaltungsgericht, welches letztere, konform mit den Bestimmungen des neuen Einkommensteuergesetzes, auch hier an die Stelle des von der Regierungsvorlage geplanten Steuergerichtshofes getreten ist. Die Fristen sind gleichmäßig für jedes dieser drei Rechtsmittel auf 4 Wochen festgesetzt.

Neu gegenüber den bisherigen Bestimmungen ist auch die Zulässigkeit eines Erlasses der Steuer, wenn ein Betrieb durch Tod, Krankheit des Inhabers, Brandunglück, Ueberschwemmung oder sonstige Ereignisse wesentlich geschädigt wird und die Berechtigung der Regierung, Gewerbesteuerbeträge in einzelnen Fällen niederzuschlagen, wenn deren zwangsweise Beitreibung die Steuerpflichtigen in ihrer wirthschaftlichen Existenz gefährden, oder wenn das Beitreibungsverfahren voraussichtlich ohne Erfolg sein würde.

Die Erhebung der Steuer findet nach dem Gesetze nicht mehr wie früher in monatlichen, sondern in vierteljährlichen Beträgen und zwar in der ersten Hälfte des zweiten Monats des Vierteljahres statt.

Die auf die An- und Abmeldung bezüglichen Vorschriften sind in den §§ 52 ff. enthalten. Neu ist dabei auch die Bestimmung, daß künftig die Erstattung der nach § 14 der Reichs-Gewerbeordnung vorgeschriebenen Anzeige die bisher noch besonders erforderliche Anmeldung zur Gewerbesteuer erspart. Die §§ 54 bis 56 handeln von der Verpflichtung der Gewerbetreibenden zur Angabe der näheren Verhältnisse ihres Gewerbebetriebes. Aktiengesellschaften, juristischen Personen und anderen zur öffentlichen Rechnungslegung verpflichteten gewerblichen Unternehmungen ist durch § 28 auch die Vorlage ihrer Geschäftsberichte und Jahresabschlüsse zur Pflicht gemacht.

Strafbestimmungen geben die §§ 70, 71; das Strafverfahren bleibt dem bisherigen wesentlich gleich und wird geregelt durch § 73. Der § 72 bedroht die Offenbarung der Erwerbs-, Vermögens- oder Einkommensverhältnisse oder der Geschäftsgeheimnisse der Steuerpflichtigen Seitens der bei der Steuerveranlagung betheiligten Beamten und der Mitglieder der Steuerausschüsse mit Geldstrafe bis zu 1500 Mark oder mit Gefängniß bis zu 3 Monaten.

Neben der allgemeinen Gewerbesteuer führt das Gesetz noch eine besondere Abgabe der Gastwirthschaft, der Schankwirthschaft und des Kleinhandels mit Branntwein unter dem Namen der „Betriebssteuer" ein, über welche die näheren Bestimmungen in den §§ 59 bis 69 getroffen werden.

Die Veranlassung zu dieser besonderen Besteuerung der genannten Gewerbe ist wesentlich finanzieller Natur. Nach dem Ergebnisse der Probeveranlagungen, welche die Regierung, wie oben schon erwähnt, vor der Vorlage des Entwurfs hatte stattfinden lassen, war zu berechnen, daß etwa 2 700 000 Mark an dem bisherigen Gewerbesteueraufkommen fehlen würden, welcher Ausfall gedeckt werden müßte. Zur Deckung dieses Ausfalls konnten das Gast- und Schankwirthsgewerbe und der Kleinhandel mit Branntwein um so berechtigter herangezogen werden, als diese Gewerbe durch die nach der Gewerbeordnung gebotene Konzessionirung des einzelnen Betriebes einen besonderen Schutz gegen Uebernahme der Konkurrenz genießen, auch wegen des minderen dazu erforderlichen Betriebs- und Anlagekapitals, wegen der größeren Einträglichkeit und der Entbehrlichkeit besonderer Vorbereitung für den Unternehmer im Ganzen als durchaus leistungsfähig bezeichnet werden können. Rechnet man dazu, daß auch nach der ethischen Seite eine Begünstigung dieser Betriebe nicht wünschenswerth erscheint, so lag in der That kein Grund vor, denselben die gleiche Entlastung wie den anderen mittleren und kleineren Gewerbetreibenden zukommen zu lassen. Nur innerhalb dieses Rahmens bewegt sich die durch die Betriebssteuer herbeigeführte Doppelbesteuerung der fraglichen Gewerbebetriebe, denn nach Maßgabe der Probeveranlagungen wird sich das Gesammtsoll derselben aus allgemeiner Gewerbesteuer und Betriebssteuer zusammen gegen die bisherige Besteuerung nicht wesentlich erhöhen.

Die Betriebssteuer schließt sich eng an die allgemeine Gewerbesteuer an und beträgt nach § 60 für den Gewerbetreibenden:

a) wenn er zur allgemeinen Gewerbesteuer in Klasse I veranlagt ist: 100 Mark;

b) wenn er in Klasse II steuert: 50 Mark;

c) wenn er in Klasse III steuert: 25 Mark;

d) wenn er in Klasse IV steuert: 15 Mark;

e) für die von der allgemeinen Gewerbesteuer wegen eines hinter der Grenze der Steuerpflicht zurückbleibenden Ertrages und Anlage- und Betriebskapitals befreiten Gewerbetreibenden: 10 Mark.

Für vorübergehenden, bei außergewöhnlichen Gelegenheiten stattfindenden Gewerbebetrieb kann die Betriebssteuer bis auf 5 Mark herabgesetzt werden.

Die auf Grund der Rechtsmittel gegen die allgemeine Gewerbesteuer ergehenden Entscheidungen haben ohne Weiteres auch entsprechende Regulirung der Betriebssteuer zur Folge. Deshalb sind hinsichtlich der Betriebssteuer an sich dem Pflichtigen die Rechtsmittel aus den §§ 35 ff. nicht gewährt, nur Beschwerde an die Bezirksregierung und in weiterer Instanz an den Finanzminister ist wegen Verpflichtung zur Entrichtung und Höhe der Betriebssteuer zugelassen.

Durch das Gesetz wegen Aufhebung direkter Staatssteuern vom 14. Juli 1893 ist nunmehr die Gewerbesteuer und die Betriebssteuer vom 1. April 1895 ab zu Gunsten der Gemeinden bezw. Kreise gegenüber der Staatskasse außer Hebung gesetzt worden. Nach den Bestimmungen des Kommunalabgabengesetzes von demselben Tage ist den Gemeinden zwar die Einführung besonderer Gewerbesteuern gestattet. Sind solche besondere Gewerbesteuern aber nicht eingeführt, so erfolgt die Besteuerung in Prozenten der vom Staate veranlagten Gewerbesteuer. Die Veranlagung und Verwaltung der Gewerbesteuer wird deshalb unter Aufrechterhaltung der dieserhalb bestehenden gesetzlichen Einrichtungen vom Staate für die Zwecke der kommunalen Besteuerung weiter geführt. Im Einzelnen ergeben sich aber durch die Ueberweisung der Gewerbe- und Betriebssteuer an die Gemeinden bezw. Kreise einige Modifikationen des Gewerbesteuergesetzes vom 24. Juni 1891, auf welche in nachstehender Bearbeitung in den Anmerkungen zu den betreffenden Paragraphen hingewiesen worden ist.

Gewerbesteuergesetz.

Vom 24. Juni 1891.

(Gesetz-Samml. Nr. 20 S. 205—226. Ausgegeben zu Berlin, den 10. Juli 1891.)

Wir **Wilhelm**, von Gottes Gnaden König von Preußen rc. verordnen, mit Zustimmung beider Häuser des Landtags Unserer Monarchie, für den Umfang derselben, mit Ausschluß der Hohenzollernschen Lande und der Insel Helgoland, was folgt:[1])

Gegenstand der Besteuerung.

§ 1.

Der Besteuerung nach diesem Gesetze[1]) unterliegen die in Preußen[2]) betriebenen stehenden[3]) Gewerbe.[4])[5])

Hinsichtlich der Besteuerung des Gewerbebetriebes im Umherziehen und des Wanderlagerbetriebes bewendet es bei den bestehenden Vorschriften mit der Maßgabe, daß im Sinne der §§ 4 und 5 des Gesetzes vom 27. Februar 1880 (Gesetz-Samml. S. 174) Städte mit mehr als 50 000 Einwohnern als Orte der ersten Gewerbesteuerabtheilung, Städte mit mehr als 10 000 bis 50 000 Einwohnern als Orte der zweiten Gewerbesteuerabtheilung, Städte mit mehr als 2000 bis 10 000 Einwohnern als Orte der dritten und alle übrigen Orte als solche der vierten Gewerbesteuerabtheilung gelten.[1])

Vorstehende Eintheilung findet auch Anwendung, wo in anderen Gesetzen auf die bisherigen Gewerbesteuerabtheilungen Bezug genommen ist.

Die Einwohnerzahl bestimmt sich nach dem Ergebniß der zuletzt vorangegangenen Volkszählung.

1) Das mit dem 1. April 1895 in Kraft getretene Gesetz wegen Aufhebung direkter Staatssteuern vom 14. Juli 1893 (Gesetz-Samml. S. 119) bestimmt hinsichtlich der Gewerbe- und Betriebssteuer Folgendes:

§ 1. Behufs Erleichterung und anderweitiger Regelung der öffentlichen Lasten der Gemeinden (Gutsbezirke) werden die folgenden direkten Staatssteuern gegenüber der Staatskasse außer Hebung gesetzt:

1. . . . . . .

2. Die nach dem Gesetze vom 24. Juni 1891 (Gesetz-Samml. S. 205) veranlagte Gewerbe- und Betriebssteuer.

§ 3. Die Vorschriften der in den §§ 1 und 2 bezeichneten Gesetze bleiben, soweit nicht in dem gegenwärtigen Gesetze und in dem Kommunalabgabengesetze Abweichendes bestimmt ist, in Kraft.

Die Veranlagung und Verwaltung der . . . . Gewerbesteuer wird, soweit nicht in dem gegenwärtigen Gesetze Abweichendes bestimmt ist, unter Aufrechterhaltung der dieserhalb bestehenden gesetzlichen Einrichtungen vom Staate für die Zwecke der kommunalen Besteuerung ausgeführt.

2) Vgl. oben die Einleitungsworte, nach welchen das Gesetz für die Hohenzollernschen Lande und die Insel Helgoland nicht gilt.

3) Hinsichtlich der Besteuerung des Gewerbebetriebes im Umherziehen und des Wanderlagerbetriebes zu vgl. die Gesetze vom 3. Juli 1876 (Gesetz-Samml. S. 247) und vom 27. Febr. 1880 (Gesetz-Samml. S. 174) sowie die Ministerialanweisungen vom 27. Aug. 1896 und vom 4. März 1880.

4a) Das Gesetz giebt absichtlich keine Definition des Begriffs „Gewerbebetrieb". Vgl. Begründung S. 41. Es bewendet in dieser Beziehung bei dem durch bisherige Entscheidungen Festgestellten. A. Art. 1 Ziffer 4. Der „stehende" Gewerbebetrieb umfaßt alle diejenigen Betriebsformen, welche nicht unter den Begriff des Gewerbebetriebes im Umherziehen fallen. A. Art. 1 Ziffer 3. Vgl. § 1—4 des Gesetzes v. 3. Juli 1876 (Gesetz-Samml. S. 247). § 55 RGO. v. 1. Juli 1883.

Der Besteuerung sind nicht wie früher nur bestimmte Gattungen von Gewerben, welche zu den bisherigen Steuerklassen für Handel, Gast-, Schank- und Speisewirthschaft u. s. w. gehören, sondern die Gewerbe aller Gattungen unterworfen. Jedoch erleidet die Steuerpflicht bedeutende Einschränkungen. A. Art. 1 Ziffer 5.

Bei einem auf die Erzielung von Einnahmen gerichteten Geschäftsunternehmen macht es regelmäßig keinen Unterschied, ob dabei zugleich oder ausschließlich wohlthätige oder gemeinnützige Zwecke verfolgt werden. A. Art. 1 Ziffer 4. Siehe jedoch § 3 des Gesetzes.

4b) Nach der Rechtsprechung des OVG. (Entsch. v. 29. Febr. 1896, Entsch. i. St. Bd. V S. 389) ist als „Gewerbebetrieb" anzusehen: „jede mit der Absicht der Gewinnerzielung unternommene, berufsmäßige Betheiligung am allgemeinen wirthschaftlichen Verkehre."

4c) Zum Begriff des Gewerbes gehört die positive Absicht der Gewinnerzielung. Eine mit der bloßen

Möglichkeit der Gewinnerzielung, ohne eine hierauf gerichtete Absicht unternommene Thätigkeit, stellt noch keinen Gewerbebetrieb dar. Entsch. d. OVG. v. 10. Juni und 28. Okt. 1897, Entsch. i. St. Bd. VI S. 368 u. 371.

4d) Der Gewerbebegriff im Sinne der Gewerbeordnung deckt sich nicht mit demjenigen im Sinne des Gewerbesteuergesetzes. Die Gewerbeordnung bezweckt nur die gewerbepolizeiliche Regelung, schließt aber nicht aus, daß das Gewerbesteuergesetz den Begriff des Gewerbes ausdehnt und auch solche Thätigkeiten der gewerblichen Besteuerung unterwirft, welche die Gewerbeordnung nicht für Gewerbe erachtet oder überhaupt nicht berührt. Entsch. d. OVG. v. 14. Okt. 1897, Entsch. i. St. Bd. VI S. 384.

4e) Die Ausübung der Heilkunde durch nichtapprobirte Aerzte ist steuerpflichtiger Gewerbebetrieb. Entsch. d. OVG. v. 28. Nov. 1895, Entsch. i. St. Bd. IV S. 431.

4f) Der Betrieb der Posthalterei ist ein steuerpflichtiger Gewerbebetrieb. Entsch. d. OVG. v. 8. Nov. 1894, Entsch. i. St. Bd. III S. 318.

4g) Der Betrieb des Schornsteinfegergewerbes in einem Kehrbezirke ist ein steuerpflichtiger Gewerbebetrieb. Entsch. d. OVG. v. 6. Dez. 1894, Entsch. i. St. Bd. III S. 320.

4h) Makler oder Sensale, die bei der Kaufmannschaft angestellt und vereidigt sind, sind steuerpflichtige Gewerbetreibende. Entsch. d. OVG. v. 25. Okt. 1894, Entsch. i. St. Bd. III S. 293.

4i) Die Lotterieeinnehmer als solche sind nicht Gewerbetreibende. FME. v. 8. Dez. 1896, Mitth.H. 34 S. 33, Entsch. d. OVG. v. 28. Nov. 1895, Entsch. i. St. Bd. IV S. 432.

4k) Versicherungsagenten unterliegen der Gewerbesteuer nur, wenn und insoweit sie ein selbständiges Gewerbe betreiben, und sind von ihr befreit, wenn und insoweit sie als Beamte der Versicherungsgesellschaft erscheinen. Entsch. d. OVG. v. 11. Okt. 1894, Entsch. i. St. Bd. III S. 239.

4l) Die Thätigkeit eines Rechtskonsulenten, Volksanwalts, Koncipienten u. s. w. stellt sich als steuerpflichtiger Gewerbebetrieb dar. Entsch. d. OVG. v. 28. Nov. 1895, Entsch. i. St. Bd. IV S. 430.

4m) Die Ausübung des Fährbetriebes gegen Entgelt auf Grund der einer Privatperson zustehenden Berechtigung bildet einen steuerpflichtigen Gewerbebetrieb. Entsch. d. OVG. v. 9. Jan. 1896, Entsch. i. St. Bd. IV S. 455.

4n) Der Betrieb der selbständigen, für eigene Rechnung arbeitenden Lootsen unterliegt der Gewerbesteuer. Entsch. d. OVG. v. 29. Febr. 1896, Entsch. i. St. Bd. V S. 389.

4o) Der Verlag oder die Herausgabe, nicht aber die hiervon getrennte Redaktion einer Zeitung bildet einen steuerpflichtigen Gewerbebetrieb. Entsch. d. OVG. v. 25. Okt. 1894, Entsch. i. St. Bd. III S. 261.

4p) Die unter amtlicher Leitung stehenden Spar- und Vorschußvereine der Angehörigen der Reichs-Post- und Telegraphen-Verwaltung betreiben in der Regel nach ihren Statuten und nach ihrer Thätigkeit kein Gewerbe und sind deshalb nicht gewerbesteuerpflichtig. Entsch. d. OVG. v. 29. April 1895, Entsch. i. St. Bd. IV S. 371.

4q) Die Unterhaltung eines Zoologischen Gartens bildet für eine Aktiengesellschaft auch dann einen Gewerbebetrieb, wenn den Aktionären an Stelle von Dividenden aus dem erzielten Gewinne andere Vortheile, wie freier Eintritt, geboten werden. Entsch. d. OVG. v. 25. Okt. 1894, Entsch. i. St. Bd. III S. 313.

4r) Die Nutzung des Grundbesitzes durch Vermiethung, die an sich keinen Gewerbebetrieb darstellt, kann unter besonderen Umständen den Charakter eines solchen annehmen. Entsch. d. OVG. v. 11. Okt. 1894, Entsch. i. St. Bd. III S. 234.

4s) Die längere Fortsetzung oder regelmäßige Wiederholung der Vermiethung möblirter Zimmer oder Wohnungen ist ein steuerpflichtiger Gewerbebetrieb, und es ist hierfür unerheblich, ob dieser Erwerbszweig die Mittel zum Lebensunterhalte oder nur Nebeneinnahmen gewähren soll. Zu den Merkmalen des Gewerbebetriebs gehört es überhaupt nicht, daß die erwerbende Thätigkeit den ausschließlichen oder überwiegenden Beruf bildet. Entsch. d. OVG. v. 11. Okt. 1894, Entsch. i. St. Bd. III S. 242.

4t) Das Ausleihen von Baugeldern ist an sich ebensowenig Gewerbebetrieb, wie überhaupt die Gewährung von Darlehen oder eine sonstige nutzbare Anlegung von Kapitalien, es müssen vielmehr zur Feststellung eines solchen weitere Merkmale, die die Annahme eines bankmäßigen oder ähnlichen Betriebes rechtfertigen, hinzukommen. Entsch. d. OVG. v. 25. Okt. 1894, Entsch. i. St. Bd. III S. 265.

4u) Ueber Begriff und Merkmale des gewerblichen Handels mit Grundstücken vgl. Entsch. d. OVG. v. 3. Okt. 1896 und 26. März 1896, Entsch. i. St. Bd. V S. 431 u. 435.

4v) Grundbesitzer, welche bei der Parzellirung und Veräußerung ihrer Grundstücke den Käufern gegen Verpfändung der veräußerten Parzellen behufs ihrer Bebauung aus eigenen oder fremden Mitteln Darlehen gewähren und zur besseren Verwerthung des eigenen Grundbesitzes fremde Grundstücke zum Zwecke der Wiederveräußerung ankaufen, betreiben das steuerpflichtige Gewerbe des Immobilienhandels. Entsch. d. OVG. v. 31. Okt. 1895, Entsch. i. St. Bd. IV S. 418.

4w) Der Ankauf, bezw. die Erbauung von Häusern zum Zwecke der Nutzung durch Vermiethung ist kein der Gewerbesteuer unterworfenes Gewerbe, sondern eine Nutzung des Grundbesitzes, welche der genannten Steuer nicht unterliegt. FME. v. 3. Sept. 1892, Mitth.H. 26 S. 34.

4x) Die Erbauung von Häusern zum Zwecke der Vermiethung ist an sich kein Gewerbebetrieb. Bauunternehmer im Sinne des Gewerbesteuergesetzes ist nur derjenige, der gegen Entgelt Bauten für fremde Rechnung unternimmt, niemals der für eigene Rechnung arbeitende Bauherr. Entsch. d. OVG. v. 25. Okt. 1894, Entsch. i. St. Bd. III S. 285.

5) Die Fassung des Absatz 1 bringt zugleich zum Ausdruck, daß der Steuerpflicht nur selbständige Gewerbetreibende und nicht etwa gewerbliche Hülfspersonen unterliegen.

6) Diese Bestimmung war nothwendig, da das Gesetz die früher bestandenen Gewerbesteuerabtheilungen gänzlich beseitigt. Als das Einfachste ist an Stelle der bisherigen Eintheilung diejenige nach der Einwohnerzahl gesetzt worden, obschon die Gliederung der Abtheilungen nach dem Gewerbesteuergesetze vom 30. Mai 1820 nicht allein auf der Einwohnerzahl, sondern auch auf der allgemeinen Gewerbsamkeit der Betriebsorte beruhte. Vgl. Begründung der Regierungs-Vorlage S. 41.

§ 2.

Gewerbliche Unternehmen, welche außerhalb Preußens ihren Sitz haben, aber in Preußen[1]) durch Errichtung einer Zweigniederlassung, Fabrikations-, Ein- oder Verkaufsstätte oder in sonstiger Weise einen oder mehrere stehende Betriebe[2]) unterhalten, sind nach Maßgabe derselben der Gewerbesteuer in Preußen unterworfen. Dieselben sind verpflichtet, auf Erfordern bei der Steuerverwaltung

einen in Preußen wohnhaften Vertreter zu bestellen, welcher für die Erfüllung aller dem Inhaber des Unternehmens obliegenden Verpflichtungen[3]) solidarisch[4]) haftet.[5])

1) „In Preußen", d. h. exklusive der Hohenzollernschen Lande und der Insel Helgoland. Vgl. die Einleitungsworte des Gesetzes.

2a) Die Steuerpflicht tritt nur ein, wenn die inländische Filiale die Kriterien des „stehenden Gewerbebetriebes" enthält. Ob diese Voraussetzung zutrifft, unterliegt der Prüfung im einzelnen Falle. Die A. bestimmt hierüber im Art. 3 Ziffer 1 Folgendes:

> Als stehende Betriebe gelten nicht nur die dem Gewerbe dienenden sichtbaren Anstalten, wie Zweigniederlassungen, Fabrikations-, Ein- oder Verkaufsstätten, Speicher, Waarenlager, Komptoire, sondern auch alle sonstigen Geschäftseinrichtungen, welche sich als Ausübung eines stehenden Gewerbes in Preußen darstellen; insbesondere genügt die Ausübung des stehenden Gewerbes durch dauernd sich zu diesem Zwecke in Preußen aufhaltende Geschäftstheilnehmer, Prokuristen, Agenten oder andere ständige Vertreter, welche entweder in einem Dienstverhältnisse zu dem Inhaber des Gewerbes stehen, oder ohne solches Geschäfte in seinem Namen und für seine Rechnung auf Grund allgemeiner oder besonderer Ermächtigung abschließen.

2b) Ein selbständiger, der Gewerbesteuer unterliegender Gewerbebetrieb ist z. B. als vorliegend angesehen worden, wenn Jemand an der Hand der Preislisten einer Württembergischen Firma in Preußen Aufträge sammelt und dieselben der Firma zur Ausführung übermittelt. FME. v. 30. Aug. 1897, Mitth.H. 35 S. 57.

2c) Der Begriff der Zweigniederlassung im Sinne des § 2 des Gewerbesteuergesetzes unterscheidet sich nicht von dem handelsrechtlichen Begriffe derselben. (Art. 19, 21, 86 des Allg. deutsch. Handelsgesetzb.) Entsch. d. OVG. v. 27. Sept. 1894, Entsch. i. St. Bd. III S. 226.

2d) Auf der Anlegestelle eines den Verkehr zwischen mehreren Orten vermittelnden, den Fährbetrieb zwischen denselben ausübenden Dampfers, an welcher Personen und Güter aufgenommen und abgesetzt werden, findet ein in Preußen steuerpflichtiger stehender Gewerbebetrieb statt. Entsch. d. OVG. v. 17. Jan. 1895, Entsch. i. St. Bd. III S. 389.

2e) Vgl. auch die Anm. 3a—k zu § 38 des Ges.

3) Vgl. § 56 Ziffer 2.

4) „Solidarisch", d. h. zugleich mit dem Inhaber des Unternehmens.

5) Mehrfach wird in späteren Bestimmungen des Gesetzes „§ 2 Abs. 2" citirt, vgl. z. B. § 17 Abs. 3 und § 56 Ziffer 2, während doch thatsächlich in der Fassung des Gesetzes § 2 keinen „Abs. 2" hat. Es ist dies darauf zurückzuführen, daß dieser Paragraph in der Regierungsvorlage in zwei Absätze zerfiel, welche von der Kommission des Abg.H. in einen Absatz zusammengezogen wurden, ohne daß die auf die Reg.Vorl. gegründeten Citate gleichzeitig entsprechende Abänderung erfuhren.

Befreiungen.

§ 3.

Von der Gewerbesteuer sind befreit:[1])

1. das Deutsche Reich[2]) und der Preußische Staat;[3])
2. die Reichsbank;[4])
3. die landschaftlichen Kreditverbände,[5]) sowie die öffentlichen Versicherungsanstalten;[6])

4. die Kommunalverbände [7]) wegen folgender von ihnen betriebenen gewerblichen Unternehmungen:
   a) der zu gemeinnützigen Zwecken dienenden Geld- und Kreditanstalten, als Sparkassen, Landeskreditkassen, Landeskultur-Rentenbanken, Bezirks- und Provinzial-Hülfs- und Darlehnskassen u. s. w.;
   b) der Kanalisations- und Wasserwerke,[8]) letzterer jedoch nur, soweit sich der Betrieb auf den Bezirk der unternehmenden Gemeinde beschränkt;
   c) der Schlachthäuser und Viehhöfe;
   d) der Markthallen;
   e) der Volksbäder;[9])
   f) der Anstalten zur Beleihung von Pfandstücken.

Der Finanzminister ist ermächtigt, auch für andere im öffentlichen Interesse unternommene gewerbliche Betriebe der Kommunalverbände Steuerfreiheit zu gewähren. So lange solche Betriebe ertraglos sind, muß auf Antrag vom Finanzminister die Steuerfreiheit gewährt werden.[10])

Der Finanzminister ist ermächtigt,[11]) vorstehende Bestimmungen auch auf Unternehmungen anderer Korporationen, Vereine und Personen, welche nur wohlthätige oder gemeinnützige Zwecke unter Ausschluß eines Gewinnes für die Unternehmer verfolgen (z. B. öffentliche Volksküchen, Kaffeeschänken,

Volksbibliotheken und dergleichen), zu erstrecken, und finden dieselben zugleich in Betreff der Betriebssteuer (§§ 59 ff.) Anwendung.

1) Der Paragraph enthält die in der Person des Gewerbetreibenden begründeten Steuerbefreiungen. Derselbe wird vom 1. April 1895 ab durch § 28 des Kommunalabgabengesetzes, bezw. durch § 4 des Gesetzes wegen Aufhebung direkter Staatssteuern vom 14. Juli 1893 modifizirt. Vgl. darüber die Anmerkungen zu den einzelnen Ziffern dieses Paragraphen.

2) Die Gewerbebetriebe des Deutschen Reichs bleiben auch nach den Vorschriften des Kommunalabgabengesetzes steuerfrei, da die Reichsgesetzgebung bisher kommunale Gewerbesteuern noch nicht für zulässig ansieht.

3a) Die Steuerfreiheit des Preußischen Staates ist vom 1. April 1895 ab fortgefallen. § 28 Ziffer 6 des Kommunalabgabengesetzes. Nur die Betriebe der Staatseisenbahnen bleiben gewerbesteuerfrei.

3b) Vgl. die Bekanntmachung des FM. über die Gewerbesteuerveranlagung der Gewerbebetriebe des Staates v. 22. Dez. 1894, Mitth.H. 30 S. 52. Danach erfolgt die Besteuerung sämmtlicher Gewerbebetriebe des Staates im Veranlagungsbezirke der Stadt Berlin.

4) Die Befreiung der Reichsbank und ihrer Zweiganstalten ist vom 1. April 1895 an fortgefallen. § 28 Ziffer 6 des Kommunalabgabengesetzes. Der § 21 des R.Bankges. v. 14. März 1875 hatte die Reichsbank nur von staatlichen Gewerbesteuern befreit.

5) Nach Art. 4 Ziffer 3 d. A. erstreckt sich die Steuerbefreiung auf die land- oder ritterschaftlichen Kreditverbände, Institute und Anstalten nebst ihren Zweiganstalten.

6) Dagegen unterliegen die Privatversicherungsgesellschaften, soweit nicht nach ihren besonderen Einrichtungen die Annahme eines Gewerbebetriebes überhaupt ausgeschlossen ist, der Steuerpflicht. Insbesondere ist bei den auf Gegenseitigkeit beruhenden Privatversicherungsgesellschaften ein Gewerbebetrieb nicht vorhanden, wenn die Beiträge der Mitglieder (Prämien) lediglich zur Erfüllung der aus den Versicherungen entstandenen Verpflichtungen und zur Deckung der Geschäftsunkosten verwendet, die etwa überschießenden Beträge den Mitgliedern zurückerstattet oder angerechnet und daneben Erwerbszwecke nicht verfolgt werden. A. Art. 4. Versicherungsgesellschaften auf Gegenseitigkeit können zu Gewerbetreibenden werden, wenn sie in der Absicht der Gewinnerzielung, selbst nur zum Zwecke der Verringerung der Beiträge ihrer Mitglieder, ihre verfügbaren Gelder zu Geschäften verwenden, die ihrem Wesen nach einen Gewerbebetrieb darstellen, namentlich also als eine berufsmäßige Betheiligung am allgemeinen wirthschaftlichen Verkehr erscheinen. Entsch. d. OVG. v. 6. Dez. 1894, Entsch. i. St. Bd. III S. 359 und v. 31. Jan. 1895, Entsch. i. St. Bd. III S. 367 u. 371.

7) Die Befreiung gilt nur für Preußische Kommunalverbände. Art. 5 d. A.

8a) Wasserwerke der Kommunalverbände sind nur insoweit befreit, als sich der Betrieb auf den Bezirk der unternehmenden Gemeinde beschränkt. Soweit eine Gemeinde in fremden Bezirken ein Wasserwerk gewerbsmäßig betreibt, ist sie in diesem Umfange der Steuerpflicht unterworfen. In Fällen dieser Art ist nach den obwaltenden Umständen zu prüfen, ob der Betrieb eines Wasserwerkes in den fremden Bezirken sich überhaupt als ein Gewerbebetrieb darstellt. A. Art. 5 Ziffer 3. Der FME. v. 3. Okt. 1893, Mitth.H. 29 S. 31, lehnt den Antrag einer Gemeinde auf Steuerbefreiung ab, indem ausgeführt wird:

„Der Magistrat giebt selbst zu, daß das Wasser gegenwärtig an die Außengemeinden und einzelne in denselben belegene gewerbliche Betriebe zu einem die Selbstkosten übersteigenden Preise abgegeben werde und daß letzterer in früheren Zeiten noch höher bemessen, aber mit Rücksicht auf inzwischen entstandene Konkurrenzunternehmungen bis auf den jetzigen Stand ermäßigt worden sei. Hieraus aber, sowie aus dem Ergebniß der angestellten Ermittelungen, habe ich nicht die Ueberzeugung gewinnen können, daß bei dem Abschluß der betreffenden Wasserlieferungsverträge für die Stellungnahme der Stadtgemeinde in erster Linie gemeinnützige Zwecke — und nicht die Absicht der Gewinnerzielung — bestimmend gewesen sind. Der Betrieb des dortigen Wasserwerkes, soweit er sich auf die Außengemeinden erstreckt, trägt vielmehr einen vorwiegend gewerbsmäßigen Charakter, welcher die Anwendung des § 3 Abs. 2 des Gewerbesteuergesetzes ausschließt."

8b) Städtische Gas- und andere Lichtanstalten unterliegen der Gewerbesteuer mit Rücksicht auf ihren vorwiegend privatwirthschaftlichen und gewerblichen Charakter. FME. v. 4. März 1893, Mitth.H. 26 S. 35. Insoweit aber der Betrieb solcher städtischen Anstalten der Fabrikation des für den eigenen Bedarf (Straßenbeleuchtung) der Stadt erforderlichen Gases ꝛc. dient, unterliegt er der Gewerbesteuer nicht. Entsch. d. OVG. v. 7. März 1895, Entsch. i. St. Bd. IV S. 307.

9) Als Volksbäder sind solche Badeanstalten zu erachten, welche dauernd und hauptsächlich dazu bestimmt und eingerichtet sind, den unbemittelten Volksklassen unentgeltlich oder gegen billige Vergütung Bäder zu gewähren. Einer diesen Voraussetzungen entsprechenden Badeanstalt wird die Eigenschaft eines Volksbades nicht genommen, wenn in derselben zu-

gleich Einrichtungen getroffen sind, um einzelnen Personen gegen höhere Vergütung Bäder verabreichen zu können. A. Art. 5 Ziffer 6.

10) Wegen der formellen Vorschriften bezüglich solcher Anträge der Kommunalverbände zu vgl. A. Art. 6. Die Ertraglosigkeit ist für den bei der Veranlagung maßgebenden Zeitraum (§ 24 des Ges.) nachzuweisen.

11a) Von dieser Ermächtigung hat der Finanzminister im Art. 7 der A. Gebrauch gemacht. Die dort ausgesprochene Befreiung hat zur Voraussetzung, daß die betr. gewerblichen Unternehmungen von Korporationen, Vereinen oder Privatpersonen lediglich zu wohlthätigen oder gemeinnützigen Zwecken unter gänzlichem Ausschluß eines Gewinns der Unternehmer betrieben werden; sie erstreckt sich auf öffentliche Volksküchen, Suppenanstalten, Kaffeeschänken und ähnliche Anstalten, welche dazu bestimmt und eingerichtet sind, den unbemittelten Volksklassen unentgeltlich oder gegen billige Vergütung zum sofortigen Genusse vorbereitete Speisen und Getränke — letztere jedoch unter gänzlichem Ausschluß geistiger Getränke — zu liefern, ferner auf öffentliche Volksbibliotheken, Wohlthätigkeitsbazare, -Vorstellungen und -Konzerte. Diese Gewerbebetriebe sind von Amtswegen steuerfrei zu belassen. Inhaber anderer Betriebe, welche die Befreiung auf Grund des § 3 letzter Absatz in Anspruch nehmen wollen, würden entsprechende Anträge zu stellen haben. Wegen dieser Anträge zu vgl. A. Art. 7 letzter Absatz.

11b) Wenn statutengemäß die Möglichkeit der Vertheilung eines Gewinnes unter die Aktionäre vorgesehen ist, liegen die Voraussetzungen des § 3 Abs. 3 nicht vor; die Gemeinnützigkeit der Bestrebungen einer Aktiengesellschaft an sich giebt noch keinen Grund für die Steuerfreistellung der Gesellschaft. FME. v. 6. Jan. 1896, Mitth.H. 33 S. 48.

§ 4.

Der Gewerbesteuer unterliegen nicht:[1])

1.[2]) Die Land-[3]) und Forstwirthschaft, die Viehzucht, die Jagd, die Fischzucht,[4]) der Obst- und Weinbau,[5]) der Gartenbau — mit Ausnahme der Kunst- und Handelsgärtnerei[6]) — einschließlich des Absatzes[7]) der selbstgewonnenen[8]) Erzeugnisse in rohem Zustande oder nach einer Verarbeitung, welche in dem Bereich des betreffenden Erwerbszweiges liegt.[9])

Diese Bestimmung findet jedoch keine Anwendung auf diejenigen, welche gewerbsweise Vieh von erkauftem Futter unterhalten,[10]) um es zum Verkauf zu mästen oder mit der Milch zu handeln, sowie auf diejenigen, welche die Milch einer Heerde, das Obst eines Gartens, den Fischfang in geschlossenen Gewässern und ähnliche Nutzungen abgesondert zum Gewerbebetriebe pachten;

2. die landwirthschaftlichen Branntweinbrennereien[11]) (§ 41 Ia des Gesetzes, betreffend die Besteuerung des Branntweins, vom 24. Juni 1887, Reichs-Gesetzbl. S. 253);

3. der Bergbau;[12])

4. die Ausbeutung von Torfstichen, von Sand-, Kies-, Lehm-, Mergel-, Thon- und dergleichen Gruben, von Stein-, Schiefer-, Kalk-, Kreide- und dergleichen Brüchen, einschließlich des

Absatzes der selbstgewonnenen Erzeugnisse, sofern nicht eine weitere Bearbeitung behufs Darstellung einer Handelswaare hinzutritt;[13])

5. der Handel außerpreußischer[14]) Gewerbetreibender
   a) auf Messen und Jahrmärkten,
   b) mit Verzehrungsgegenständen des Wochenmarktverkehrs[15]) auf Wochenmärkten;
6. Der Betrieb der Eisenbahnen, welche der Eisenbahnabgabe nach Maßgabe der Gesetze vom 30. Mai 1853 (Gesetz-Samml. S. 449) und vom 16. März 1867 (Gesetz-Samml. S. 465) unterliegen;[16])
7. die Ausübung eines amtlichen Berufes, der Kunst,[17]) einer wissenschaftlichen, schriftstellerischen, unterrichtenden oder erziehenden[18]) Thätigkeit, insbesondere auch des Berufes als Arzt,[19]) als Rechtsanwalt, als vereideter Land- und Feldmesser, sowie als Markscheider.[20])[21])

1) Der Paragraph enthält die sachlich, d. h. in der Art des Gewerbebetriebes, begründeten Befreiungen. Er wird vom 1. April 1895 ab durch § 28 des Kommunalabgabengesetzes und durch § 4 des Gesetzes wegen Aufhebung direkter Staatssteuern v. 14. Juli 1893 modifizirt. Siehe die Anmerkungen zu den einzelnen Ziffern des Paragraphen.

2) Für die in Abs. 1 der Ziffer 1 aufgeführten Betriebe macht es keinen Unterschied, ob sie einzeln für sich oder in Verbindung mit einander ausgeübt werden; ebensowenig, ob die Ausübung auf eigenem, oder in

Folge von Nutzungsrechten (Pacht, Nießbrauch u. s. w.) auf fremdem Grund und Boden geschieht. (Vgl. jedoch Abs. 2 der Ziffer 1.) Art. 8 I. 1 d. A.

3a) Hat die Herstellung und Unterhaltung eines Kanals den Hauptzweck der Förderung der Landwirthschaft, so bildet seine nebensächliche Verwendung zu Schifffahrtszwecken gegen Entgelt keinen gewerbesteuerpflichtigen Betrieb. Entsch. d. OVG. v. 6. Dez. 1894, Entsch. i. St. Bd. III S. 340.

3b) Der Anbau landwirthschaftlichen Saatgutes ist an sich steuerfrei. Als Betrieb der Kunst- und Handelsgärtnerei kann er nur dann angesehen werden, wenn der Betrieb in Folge besonderer Einrichtungen sowohl die Grenzen der Landwirthschaft, wie diejenigen des Gartenbaues verläßt. Entsch. d. OVG. v. 17. Jan. 1895, Entsch. i. St. Bd. III S. 385.

4a) Die A. führt im Art. 8, I. 1 auch den „Fischfang" als steuerfrei auf. Nach § 4 Ziffer 1 Abs. 2 des Gesetzes ist aber der Fischfang in geschlossenen Gewässern, soweit er pachtweise betrieben wird, steuerpflichtig. Siehe auch A. Art. 8 Ziffer I 5 c.

4b) Die wilde Fischerei, der Fischfang in nicht geschlossenen Gewässern, in Meeren, Küstengewässern, Haffen und Strömen unterliegt der Gewerbesteuer nicht. Dagegen ist der in Folge abgesonderter Pachtung betriebene Fischfang in geschlossenen Gewässern, d. h. in solchen, welche unter normalen Verhältnissen gegen den Wechsel der Fische geschlossen sind, steuerpflichtiger Gewerbebetrieb. Entsch. d. OVG. v. 9. Jan. 1896, Entsch. i. St. Bd. IV S. 448.

5) Vgl. auch § 67 des Gesetzes.

6) Der Gartenbau (Blumenzucht, Gemüsebau, Betrieb von Baumschulen u. s. w.) unterliegt stets der Besteuerung, insoweit ein gewerbsmäßiger Zukauf fremder Erzeugnisse des Gartenbaues zum Zwecke des weiteren Vertriebes in rohem Zustande oder nach einer Ver-

arbeitung stattfindet. Siehe Entsch. d. OVG. v. 6. Dez. 1894, Entsch. i. St. Bd. III S. 325 unten. Die Steuerpflicht trifft aber auch den auf die selbstgewonnenen Erzeugnisse beschränkten Gartenbau, welcher sich als „Kunst- und Handelsgärtnerei“ darstellt. Art. 8 Ziffer I 7 d. A. Und zwar tritt die Steuerpflicht ein ohne Rücksicht darauf, ob die Kunst- und Handelsgärtnerei von Berufsgärtnern oder nur als Nebenerwerb betrieben wird. Unter dem zusammenfassenden Ausdrucke „Kunst- und Handelsgärtnerei“ ist ein einheitlicher Betrieb zu verstehen. Die bloße „Handelsgärtnerei“ für sich allein ist nicht steuerpflichtig. Zur Kunst- und Handelsgärtnerei können aber nur diejenigen Betriebe gezählt werden, die nach dem gegenwärtigen Stande der Entwicklung als Kunst der Ausübung des Gartenbaues erscheinen. Eine sichere Entscheidung darüber, ob Kunst- und Handelsgärtnerei vorliegt, läßt sich meist nur treffen, wenn man unter Berücksichtigung der vorhandenen einzelnen Anzeichen die gesammten Verhältnisse, den Umfang und die Art des Betriebes betrachtet. In diesem Sinne können als Merkmale der Kunst- und Handelsgärtnerei bezeichnet werden: Technische Vorbildung des Betriebsinhabers, seiner Angestellten oder Gehülfen, künstliche Anlagen von nicht untergeordneter Bedeutung, z. B. eine ungewöhnlich große Zahl von Frühbeeten, größere Gewächshäuser und Treibhausanlagen, größere maschinelle Vorrichtungen u. dergl., kaufmännische Betriebsformen u. s. w. Entsch. d. OVG. v. 6. Dez. 1894, Entsch. i. St. Bd. III S. 324, 331, 332, 333, 335. Siehe auch FME. v. 14. Febr. 1894, Mitth.H. 30 S. 46 und v. 8. März 1895, Mitth.H. 33 S. 46. Ueber den Begriff der „kaufmännischen Betriebsformen“ vgl. Entsch. d. OVG. v. 3. Febr. 1896, Entsch. i. St. Bd. VI S. 445.

7) Die Steuerfreiheit des Absatzes selbstgewonnener Erzeugnisse erstreckt sich nicht auf die gewerbsmäßige Verabreichung von Getränken und Nahrungsmitteln zum

Genusse auf der Stelle. Vielmehr unterliegt diese Form des Absatzes (Schank- und Speisewirthschaft) stets der Steuerpflicht. A. Art. 8 I Ziffer 4. Vgl. Entsch. d. OVG. v. 11. Okt. 1894, Entsch. i. St. Bd. III S. 245. Siehe jedoch § 67 des Gesetzes wegen der Weinbauer.

8) Die Beschränkung des Absatzes auf selbstgewonnene Erzeugnisse ist unbedingte Voraussetzung der Steuerfreiheit. Bei der gewerbsmäßigen Ausdehnung des Verkaufs auf fremde Erzeugnisse unterliegt der Betrieb nach Maßgabe des letzteren der Steuerpflicht. Art. 8 I Ziffer 3 Abs. 1 d. A.

9a) Bei der Verarbeitung der selbstgewonnenen Erzeugnisse ist Bedingung der Steuerfreiheit, daß sich der Gesammtbetrieb, einschließlich der für die Verarbeitungszwecke hergestellten Einrichtungen, doch nur als Betrieb der Land- und Forstwirthschaft u. s. w. darstellt. Insbesondere sind Fabriken und sonstige gewerbliche Anlagen, welche nicht dem land- und forstwirthschaftlichen u. s. w. Betriebe entschieden untergeordnet sind und im Verhältnisse zu diesem nur eine nebensächliche Bedeutung haben, sondern regelmäßig auch als selbständige Unternehmungen von anderen als Land- und Forstwirthen u. s. w. des Fabrikationsgewinnes wegen behufs Verarbeitung angekaufter Stoffe betrieben werden, als solche zur Gewerbesteuer auch dann heranzuziehen, wenn die Verarbeitung sich auf selbstgewonnene Erzeugnisse beschränkt. Beispielsweise gilt dies von Zucker-, Stärke-, Konserven-, Krautfabriken, Brennereien, Holzschleifereien, Cellulose-, Papierfabriken, Fournier- und Parkettfußbodenfabriken u. s. w. A. Art. 8 I Ziffer 2. Hierher gehören auch Hopfen-Schwefeldörren. Siehe Entsch. d. OVG. v. 29. Febr. 1896, Entsch. i. St. Bd. V S. 387.

9b) Das gewerbsmäßig betriebene Einschlachten von Vieh, das Pökeln und Räuchern des Fleisches für den Verkauf liegt nicht im Bereiche „der Landwirthschaft, bezw. Viehzucht". FME. v. 2. Mai 1895, Mitth.H. 33 S. 46.

9c) Die Zerlegung des in den eigenen Forsten bei regelmäßigem Abtriebe geschlagenen Holzes zu Lang- und Bauholz, Bohlen, Brettern und Latten in der eigenen Sägemühle des Forstbesitzers und der Verkauf der zerlegten Hölzer, sowie des Abfalls, bildet keinen steuerpflichtigen Gewerbebetrieb, sondern ist ein gewerbesteuerfreier land- und forstwirthschaftlicher Nebenbetrieb. Entsch. d. OVG. v. 29. Mai 1896, Entsch. i. St. Bd. V S. 427.

9d) Der mit eigener Wasserkraft stattfindende Betrieb einer Brettschneidemühle, welche zur Verarbeitung der im eigenen Forstwirthschaftsbetriebe gewonnenen Hölzer bestimmt ist, ist als im Bereiche der Forstwirthschaft liegend und dieser untergeordnet, steuerfrei. Entsch. d. OVG. v. 6. Dez. 1894, Entsch. i. St. Bd. III S. 336.

10a) Hinsichtlich der Steuerpflichtigkeit der Mästung von Vieh ist entscheidend, ob der Landwirth das Vieh hauptsächlich und überwiegend mit erkauftem oder auf gepachteten Ländereien gewonnenem Futter unterhält. Entsch. d. OVG. v. 14. Okt. 1897, Entsch. i. St. Bd. VI S. 393.

10b) Als erkauftes Futter gilt auch das auf einer ausschließlich zu obigem Zweck in Pacht genommenen Wiese oder Weide gewonnene. Wer aber eine eigene selbständige Landwirthschaft betreibt, wird durch den Ankauf von Vieh zur Mästung nicht steuerpflichtig, wenn er auch zur Vermehrung des Futters noch Ländereien hinzupachtet. Art. 8 d. A. I Ziffer 5 und Ministerial-Anmerkung dazu.

11) Die Steuerbefreiung der landwirthschaftlichen Brennereien ist vom 1. April 1895 ab fortgefallen. Vgl. § 28 Ziffer 2 des Kommunalabgabengesetzes. Art. 8 II d. A.

12) Die Steuerbefreiung des Bergbaues ist vom 1. April 1895 ab fortgefallen. Vgl. § 28 Ziffer 3 des Kommunalabgabengesetzes.

13a) Die unter Ziffer 4 aufgeführten Betriebe unterliegen vom 1. April 1895 ab der Gewerbesteuerpflicht. Vgl. § 28 Ziffer 4 des Kommunalabgabengesetzes. Soweit diese Betriebe sich aber als innerhalb der Landwirthschaft verbleibende Nebenbetriebe darstellen, folgt ihre Steuerbefreiung aus § 4 Nr. 1 des Gewerbesteuergesetzes. Vgl. Entsch. d. OVG. v. 16. Sept. 1897, Entsch. i. St. Bd. VI S. 397.

13b) Die Verpachtung einer Ziegelei und von Grundstücken zur Auszіegelung bildet keinen steuerpflichtigen Gewerbebetrieb. Entsch. d. OVG. v. 26. März 1896, Entsch. i. St. Bd. V S. 409.

14) Der Handel preußischer Gewerbetreibender auf Messen und Märkten ist als „stehendes Gewerbe" steuerpflichtig. Vgl. § 2 Ziffer 2 und § 4 des Ges. v. 3. Juli 1876 (Gesetz-Samml. S. 247).

15) Vgl. § 66 RGO.

16) Die Kleinbahnen sind dagegen gewerbesteuerpflichtig. Vgl. § 40 des Ges. v. 28. Juli 1892 und Art. 9 Ziffer 2 letzter Absatz d. A.

17a) Nur die Ausübung der eigenen Kunst bezw. Wissenschaft ist steuerfrei. Die gewerbsmäßige Verwerthung fremder künstlerischer oder wissenschaftlicher Erzeugnisse und Leistungen, wie der Handel mit Kunstwerken, die Veranstaltung von Konzerten, Theater- und Zirkusvorstellungen, Kunstausstellungen und Schaustellungen jeglicher Art begründet für den Unternehmer die Steuerpflicht. Art. 9 Ziffer 3b d. A. Vgl. Entsch. d. OVG. v. 25. Okt. 1894, Entsch. i. St. Bd. III S. 290. Ob bei dem Betriebe „ein höheres Interesse der Kunst obwaltet", ist gewerbesteuerlich ohne Belang. Siehe Entsch. d. OVG. v. 14. Okt. 1897, Entsch. i. St. Bd. VI S. 384.

17b) Wenn durch Vervielfältigung der Erzeugnisse der bildenden Kunst eine Waare für den Kauf hergestellt und hiermit Handel getrieben wird, so tritt die Steuerpflicht ein. Art. 9 Ziffer 3a d. A.

17c) Die lediglich in Ausarbeitung von Plänen und Zeichnungen bestehende Ausübung der Baukunst in allen ihren der gegenwärtigen Entwicklung des Bauwesens entsprechenden Zweigen ist steuerfrei. Entsch. d. OVG. v. 25. Okt. 1894, Entsch. i. St. Bd. III S. 263.

17d) Ist mit der Ausübung der Baukunst zugleich eine über die Grenze der Bauleitung hinausgehende Thätigkeit als Unternehmer der Ausführung verbunden, so wird die Steuerpflicht begründet. Art. 9 Ziffer 3a, Abs. 2 d. A.

17e) Einzelne Betriebe, wie die Glasmalerei und die Thätigkeit eines Architekten, können sich sowohl als steuerfreie Ausübung der Kunst, wie als steuerpflichtiges Gewerbe darstellen. Für die Besteuerung derartiger Betriebe ist das Ueberwiegen des gewerblichen Charakters besonders festzustellen. Die Verwendung untergeordneter Hülfskräfte in handwerksmäßiger Thätigkeit macht an sich die Ausübung der Kunst nicht zum Gewerbebetrieb. Entsch. d. OVG. v. 17. Jan. 1895, Entsch. i. St. Bd. IV S. 257.

18a) Jede Art der unterrichtenden und erziehenden Thätigkeit in Wissenschaften, Künsten und Fertigkeiten ist steuerfrei, auch wenn dieselbe nicht als Ausübung eines Amtes erscheint. Steuerfrei sind daher auch selbständige Sprach-, Musik-, Tanz-, Fecht-, Turn-, Schwimmlehrer u. s. w. Art. 9 Ziffer 3c d. A.

18b) Durch die mit Ausübung einer unterrichtenden oder erziehenden Thätigkeit der Lehrer verbundene Unterbringung oder Beköstigung der Schüler wird die Steuerfreiheit der Lehrer nicht aufgehoben, sofern Erziehung oder Beaufsichtigung den Hauptzweck bilden. A. Art. 9 Ziffer 3c. Entsch. d. OVG. v. 29. Febr. 1896, Entsch. i. St. Bd. V S. 391.

19a) Die Steuerfreiheit der Aerzte umfaßt auch die Verabreichung von Heilmitteln und Arzeneien in dem ihnen gestatteten Umfange, nicht aber den gewerbsmäßigen Verkauf von Heilmitteln und anderen Gegenständen (z. B. von Zähnen, Zahntinkturen, Bürsten 2c. seitens der Zahnärzte) an Andere als ihre Patienten. Sie erstreckt sich nur auf approbirte Aerzte, nicht z. B. auf Naturärzte, Zahntechniker, Heilgehülfen 2c. A. Art. 9 Ziffer 3 d.

19b) Der Betrieb einer Privat-Kranken-, Irren- oder Heilanstalt oder einer Kuranstalt für Nervenkranke erscheint regelmäßig als Gewerbebetrieb. Nur dann, wenn eine solche Anstalt von einem Arzte unterhalten und geleitet wird, kann unter besonderen, von diesem nachzuweisenden, Umständen, welche das Ueberwiegen von Erwerbszwecken ausschließen, ein nicht-gewerbliches Unternehmen angenommen werden.

Liegt Gewerbebetrieb durch einen Arzt vor, so erscheint die Ausübung des ärztlichen Berufs durch denselben innerhalb des Anstaltsbetriebes als Thätigkeit im Gewerbebetriebe, so daß eine Aussonderung des Ertrages dieser Thätigkeit als steuerfreien Theils aus dem gesammten Ertrage des Unternehmens nicht zuzulassen ist. Entsch. d. OVG. v. 11. Okt. 1894, Entsch. i. St. Bd. III S. 250.

19c) Die A. bezeichnet auch die Hebammen als steuerfrei. Art. 9 Ziffer 3, Abs. 1.

20) Die A. führt auch die Gerichtsvollzieher als steuerfrei auf, desgleichen die gerichtlichen Auktionskommissarien, welche sich auf die Abhaltung gerichtlicher Auktionen beschränken. Art. 9 Ziffer 3 d. A.

21) Die von einem gerichtlichen Bücherrevisor in außergerichtlichen Angelegenheiten ausgeübte Thätigkeit als Bücherrevisor ist Gewerbebetrieb, wenn sie als berufsmäßige Thätigkeit mit der Absicht der Gewinnerzielung für eigene Rechnung selbständig ausgeübt

wird, dagegen kein solcher, wenn sie auf Grund vertragsmäßiger Vereinbarung dauernd und gegen feste Jahresvergütung die außerordentliche Revision des Buch- und Kassenwesens in unselbständiger Weise zum Gegenstande hat. Entsch. d. OVG. v. 20. Dez. 1894 und 11. Okt. 1894, Entsch. i. St. Bd. III S. 349 u. 351.

§ 5.

Der Gewerbesteuer sind ferner nicht unterworfen: Vereine, eingetragene Genossenschaften[1]) und Korporationen, welche nur die eigenen Bedürfnisse ihrer Mitglieder an Geld, Lebensmitteln und anderen Gegenständen zu beschaffen bezwecken, wenn sie satzungsgemäß und[2]) thatsächlich ihren Verkehr auf ihre Mitglieder[3]) beschränken und keinen Gewinn unter die Mitglieder vertheilen, auch eine Vertheilung des aus dem Gewinne angesammelten Vermögens unter die Mitglieder für den Fall der Auflösung ausschließen.[4])[5])

Konsumvereine mit offenem Laden[6]) unterliegen der Besteuerung; ebenso unter derselben Voraussetzung Konsumanstalten,[7]) welche von gewerblichen Unternehmern im Nebenbetriebe unterhalten werden.

Molkereigenossenschaften, Winzervereine und andere Vereinigungen[8]) zur Bearbeitung und Verwerthung der selbstgewonnenen Erzeugnisse der Theilnehmer unterliegen der Gewerbesteuer nur unter denselben Voraussetzungen, unter welchen auch der gleiche Geschäftsbetrieb des einzelnen Mitgliedes hinsichtlich seiner selbstgewonnenen Erzeugnisse der Gewerbesteuer unterworfen ist.[9])

1) Vgl. Ges. v. 1. Mai 1889 (RGB. S. 55).

2) Die Beschränkung des Verkehrs auf die Mitglieder muß nicht nur in den Satzungen des Vereins angeordnet sein, sondern auch thatsächlich ausgeübt werden. A. Art. 10 I. Ebenso muß die Gewinnvertheilung nicht nur durch die Satzungen (Statuten) des Vereins u. s. w., sondern auch thatsächlich ausgeschlossen bleiben. Als Gewinnvertheilung gilt sowohl die baare Auszahlung, als auch die Gutschreibung der Gewinne. Art. 10 I d. A.

3) Eine Ausdehnung des Verkehrs über den Kreis der Mitglieder hinaus ist nicht schon dann anzunehmen, wenn der Verein u. s. w. mit Nichtmitgliedern überhaupt in Geschäftsverkehr tritt, sondern erst dann, wenn der Verein u. s. w. Nichtmitglieder an denjenigen Zwecken Theil nehmen läßt, zu deren Erreichung er gebildet worden ist. A. Art. 10 I. Zu vgl. Entsch. d. OVG. v. 17. April 1893, Entsch. i. St. Bd. I S. 324, v. 31. Mai 1893, Entsch. i. St. Bd. II S. 28, v. 24. Jan. 1894, Entsch. i. St. Bd. II S. 368, v. 9. April 1895, Entsch. i. St. Bd. IV S. 49, v. 21. Sept. 1897, Entsch. i. St. Bd. VI S. 234.

4) Sobald auch nur eine der aufgeführten Voraussetzungen nicht erfüllt wird, tritt Steuerpflichtigkeit ein, die sich alsdann auf den gesammten Betrieb erstreckt. Entsch. d. OVG. v. 20. Dez. 1894, Entsch. i. St. Bd. III S. 381.

5) Aktiengesellschaften und Vereine, welche lediglich die Beschaffung billiger Wohnungen für ihre Mitglieder bezwecken, gehören nicht zu den in § 5 des Gewerbesteuergesetzes aufgeführten Vereinen und betreiben kein Gewerbe. Entsch. d. OVG. v. 18. April 1895, Entsch. i. St. Bd. IV S. 363 und v. 9. Jan. 1896, Entsch. i. St. Bd. IV S. 367.

6) Als offener Laden ist nicht nur ein mit Waarenauslagen und sonstigen Einrichtungen zur Anziehung des Publikums (Schaufenster u. s. w.) versehenes Geschäft, sondern überhaupt jedes Lokal anzusehen, in welchem vorhandene Waarenvorräthe im Kleinverkehr an die erscheinenden Käufer ohne vorherige Bestellung und ohne daß ein physisches Hinderniß (Verschluß) für den Eintritt besteht, verabfolgt werden. Art. 10 Ziffer 2 d. A. und Entsch. d. OVG. v. 11. April 1893, Entsch. i. St. Bd. I S. 300.

7) Vgl. § 17 Abs. 1 des Gesetzes.

8) Die Form der Vereinigung ist ohne Bedeutung für die Steuerbefreiung. Entsch. d. OVG. v. 29. Dez. 1896, Entsch. i. St. Bd. V S. 444.

9) Vgl. § 4 des Gesetzes.

Steuerklassen.

§ 6.

Die Besteuerung erfolgt in vier Gewerbesteuerklassen.[1])

In Klasse I sind diejenigen Betriebe[2]) zu besteuern, deren jährlicher Ertrag[3]) 50 000 Mark oder mehr, oder bei denen der Werth des Anlage- und Betriebskapitals[4]) 1 000 000 Mark oder mehr beträgt.

Die Gewerbesteuerklasse II umfaßt die Betriebe mit einem jährlichen Ertrage von 20 000 bis ausschließlich 50 000 Mark, oder mit einem Anlage- und Betriebskapitale im Werthe von 150 000 bis ausschließlich 1 000 000 Mark.

Zur Gewerbesteuerklasse III gehören die Betriebe mit einem jährlichen Ertrage von 4000 bis ausschließlich 20000 Mark, oder mit einem Anlage- und Betriebskapitale im Werthe von 30000 bis ausschließlich 150000 Mark.

Zur Gewerbesteuerklasse IV gehören die Betriebe mit einem jährlichen Ertrage von 1500 bis ausschließlich 4000 Mark, oder mit einem Anlage- und Betriebskapitale von 3000 bis ausschließlich 30000 Mark.

1) Für die Bildung der Gewerbesteuerklassen ist im Gegensatz zu der bisherigen Gesetzgebung der Umsatz und Betriebsumfang nicht mehr von entscheidender Bedeutung, aber es ist auch fernerhin insoweit auf diese Momente Rücksicht zu nehmen, als sie die Schätzung des Ertrages und eventuell des Anlage- und Betriebskapitals erleichtern. A. Art. 15 Ziffer 2.

2) Mehrere Betriebe derselben Person werden als ein Ganzes zusammengefaßt. Vgl. § 17 des Gesetzes.

3) Vgl. § 22 des Gesetzes.

4) Vgl. § 23 des Gesetzes.

§ 7.

Betriebe, bei denen weder der jährliche Ertrag 1500 Mark noch das Anlage- und Betriebskapital 3000 Mark erreicht, bleiben von der Gewerbesteuer befreit.[1])

Auf die Betriebssteuer (§§ 59 ff. dieses Gesetzes) findet diese Bestimmung keine Anwendung.

1) Vgl. § 24 Abs. 2—4 des Gesetzes.

§ 8.

Betriebe, deren Zugehörigkeit zu einer der Steuerklassen I, II, III[1]) lediglich durch die Höhe des Anlage- und Betriebskapitals bedingt ist, sind auf Antrag des Steuerpflichtigen[2]) in die dem Ertrage entsprechende Steuerklasse[3]) zu versetzen, wenn der erzielte Ertrag nachweislich zwei Jahre lang die Höhe von 30 000 Mark in Klasse I, 15 000 Mark in Klasse II und von 3000 Mark in Klasse III nicht erreicht hat.

Auf Konsumvereine und Konsumanstalten, welche nach § 5 gewerbesteuerpflichtig sind, findet diese Bestimmung keine Anwendung.[4])

1) Der Steuerklasse IV ist diese Vergünstigung aus praktischen Gründen nicht zugestanden.

2) Dem Steuerpflichtigen liegt der Nachweis ob, daß der erzielte Ertrag 2 Jahre lang nicht die betreffende Höhe erreicht hat. Der Antrag ist an den Steuerausschuß (§ 15) derjenigen Klasse zu richten, welcher der Steuerpflichtige bisher angehört, und zwar so rechtzeitig, daß er bei der ordentlichen Steuerveranlagung berücksichtigt werden kann. Die Gewährung des Antrags kann der Steuerpflichtige event. mit den gewöhnlichen Rechtsmitteln verfolgen.

3) Bei Anwendung des § 8 des Gewerbesteuergesetzes sind die Steuerpflichtigen in diejenige niedrigere Steuerklasse zu verweisen, die dem steuerpflichtigen Ertrage entspricht. Entsch. d. OVG. v. 11. Okt. 1894, Entsch. i. St. Bd. III S. 232.

4) Zusatz der Kommission des Abg.H.

Veranlagung in Klasse I.

§ 9.

Die Steuer ist in Klasse I von jedem Gewerbebetriebe[1]) mit Einem vom Hundert des jährlichen

Ertrages mit der Maßgabe zu entrichten, daß bei einem Ertrage von 50 000 bis 54 800 Mark (ausschließlich) die Steuer = 524 Mark beträgt, und für die höheren, in Stufen von je 4800 Mark steigenden Erträge die Steuersätze in Stufen von je 48 Mark steigen. Für Erträge unter 50 000 Mark[2]) können geringere Steuersätze als 524 Mark, jedoch nicht unter 300 Mark unter Beachtung der Vorschrift im letzten Absatze des § 14 angesetzt werden.[3])

1) In Klasse I werden die Gewerbetreibenden zu einer Steuergesellschaft nicht vereinigt. Art. 15 Ziffer 4 d. A.

2) D. h. also für diejenigen Gewerbetreibenden, deren Zuweisung zur Klasse I nur durch die Höhe des Anlage- und Betriebskapitales bedingt ist.

3) Die zulässigen Sätze der Klasse I sind sonach folgende: 300, 336, 372, 408, 444, 480, 524, 572, 620 u. s. f. um je 48 Mark steigend. In der Skala fällt es auf, daß dieselbe zwischen 480 und 524 Mark um 44 Mark, einen nur dies eine Mal vorkommenden Steigerungssatz, steigt.

§ 10.

Veranlagungsbezirke für die Klasse I sind die einzelnen Provinzen und die Stadt Berlin. Die Veranlagung erfolgt durch den für jeden Veranlagungsbezirk zu bildenden Steuerausschuß, dessen Mitgliederzahl vom Finanzminister zu bestimmen ist, jedoch wenigstens aus sechs Personen[1]) bestehen muß. Zwei Drittel derselben werden für drei Jahre von dem Provinzialausschusse, in Berlin vom Magistrate und der Stadtverordnetenversammlung in gemeinschaftlicher Sitzung aus den Gewerbetreibenden des Bezirks[2]) gewählt.[3]) Ein Drittel der Mitglieder und den Vorsitzenden des Steuerausschusses ernennt der Finanzminister.[4])

Der Vorsitzende und die ernannten Mitglieder können den Steuerausschüssen mehrerer Provinzen angehören.

1) Vgl. Abg.H. Komm.Ber. S. 14.

2) Wählbar sind also nur Gewerbetreibende des Bezirks, aber eine Beschränkung der Wählbarkeit auf die der Klasse I angehörigen Gewerbetreibenden ist nicht ausgesprochen. Vgl. A. Art. 21 A Ziffer 2a.

3) Ueber die Wahlen der Mitglieder und Stellvertreter zu vgl. Art. 21 A Ziffer 3, 4 d. A.

4) In gleicher Weise werden ein oder nach Bedürfniß mehrere Stellvertreter des Vorsitzenden ernannt. Art. 21 A Ziffer 1 d. A.

Veranlagung in Klasse II bis IV.

§ 11.

Veranlagungsbezirke bilden

für Klasse II die Regierungsbezirke,

für Klassen III und IV die Kreise.[1])

Die Stadt Berlin bildet für jede Klasse einen Veranlagungsbezirk.

1) Stadt- bezw. Landkreise. Vgl. § 1, 4 der Kreisordnung v. 13. Dez. 1872.

§ 12.

Durch Bestimmung des Finanzministers können innerhalb der Provinz für Klasse I,[1]) des Regierungsbezirks für Klasse II[2]) und des Kreises für die Klassen III und IV,[3]) sowie innerhalb der Stadt Berlin für jede Klasse mehrere Veranlagungsbezirke gebildet werden. In gleicher Weise können für die Klassen III und IV mehrere Kreise zu einem Veranlagungsbezirke vereinigt werden.

1) Für die Gewerbesteuerklasse I bilden nach Bestimmung des Finanzministers je einen Veranlagungsbezirk:

a) die Provinzen Ostpreußen, Westpreußen, Brandenburg, Pommern, Posen, Schleswig-Holstein, Hannover und die Stadt Berlin, mit dem Sitze des Steuerausschusses in Königsberg, bezw. Danzig, Potsdam, Stettin, Posen, Schleswig, Hannover und Berlin,

b) die je zu einem Veranlagungsbezirk vereinigten Regierungsbezirke

α. Merseburg und Erfurt mit dem Sitz des Steuerausschusses in Merseburg,

β. Münster und Minden mit dem Sitz des Steuerausschusses in Münster,

γ. Coblenz und Trier mit dem Sitz des Steuerausschusses in Coblenz,

c) jeder der nachbenannten Regierungsbezirke für sich: Breslau, Liegnitz, Oppeln, Magdeburg, Arnsberg, Cassel, Wiesbaden, Düsseldorf, Aachen und Cöln mit dem Sitz des Steuerausschusses am Sitz der Regierung.

Zu vergl. Verf. des Fin.Min. v. 11. Juli 1892 II. 8697 und vom 25. April 1894 II. 4601.

2) Für die Gewerbesteuerklasse II bilden jeder Regierungsbezirk und die Stadt Berlin für sich einen Veranlagungsbezirk mit dem Sitz des Steuerausschusses am Sitz der Regierung, bezw. in Berlin.

3) Für die Gewerbesteuerklasse III bilden die Stadt Berlin und in der Regel jeder Kreis für sich einen Veranlagungsbezirk. Für die Gewerbesteuerklasse IV bilden ausnahmslos jeder Kreis und die Stadt Berlin einen Veranlagungsbezirk.

§ 13.

Steuergesellschaften.

Die Steuerpflichtigen des Veranlagungsbezirks werden in jeder der Klassen II bis IV zu einer Steuergesellschaft vereinigt, welche für das Veranlagungsjahr die Summe der für jeden Betrieb in Ansatz kommenden Mittelsätze — abzüglich beziehungsweise zusätzlich des durch Entscheidungen über eingelegte Rechtsmittel (§§ 35 ff.) verursachten Zu- beziehungsweise Abgangs gegen die Veranlagung des Vorjahres — aufzubringen hat.[1]) Die aufzubringende Steuersumme wird auf den durch die zulässigen Steuersätze darstellbaren Betrag abgerundet.

1a) Das zu vertheilende Jahressoll jeder der Klassen II bis IV ergiebt sich demnach durch Multiplikation des Mittelsatzes der Klasse (§ 14) mit der Anzahl der in dieselbe eingereihten Steuerpflichtigen. Dem so gefundenen Betrage sind diejenigen Steuerabgänge zuzusetzen, welche durch die im Rechtsmittelverfahren gewährten Steuerermäßigungen innerhalb der Klasse (ohne Versetzung in eine andere Klasse) gegen das Steuersoll des laufenden Jahres entstanden sind. In Betreff der im Rechtsmittelverfahren bewirkten Versetzungen in eine andere Steuerklasse ist zu unterscheiden zwischen der Klasse, aus welcher, und der Klasse, in welche der Steuerpflichtige versetzt ist. In der Klasse, aus welcher der Steuerpflichtige ausgeschieden ist, wird, wenn er zu einem höheren als dem Mittelsatze dieser Klasse veranlagt war, der den Mittelsatz übersteigende Betrag des Steuersatzes der Steuersumme für das nächste Jahr zugesetzt; war er dagegen unter dem Mittelsatze veranlagt, so findet ebenso die Absetzung des Betrages statt, um welchen der Steuersatz niedriger war als der Mittelsatz. In der Klasse, in welche die Versetzung erfolgt ist, wird, wenn der dem Steuerpflichtigen auferlegte Steuersatz den Mittelsatz dieser Klasse übersteigt, die Differenz zwischen dem Mittelsatze und dem zu entrichtenden Steuersatze von der Steuersumme für das nächste Jahr abgezogen. Bleibt dagegen der Steuersatz hinter dem Mittelsatze dieser Klasse zurück, so muß die Differenz der Steuersumme für das nächste Jahr zugesetzt werden. A. Art. 37 Ziffer 2 bis 4. Vgl. auch dort Ziffer 5. Das so gefundene Jahressoll wird nöthigenfalls auf den durch die zulässigen Steuersätze (§ 14 Schlußsatz) darstellbaren Betrag abgerundet, indem der überschießende Betrag außer Ansatz gelassen wird. A. Art. 15 Ziffer 8 Abs. 2.

1b) Der Berechnung der Gewerbesteuer-Gut- und Lastschreibungen ist ohne Rücksicht auf eine etwaige Ermäßigung der Steuersumme stets der gesetzliche Mittelsatz zu Grunde zu legen. FME. v. 26. Okt. 1893, Mitth.H. 29 S. 34.

1c) In denjenigen Fällen, in welchen ein bei der Gewerbesteuerveranlagung übergangener Steuerpflichtiger nachträglich mit einem andern als dem dem Mittelsatze der betreffenden Gewerbesteuerklasse entsprechenden Steuerbetrage in Zugang gestellt wird, darf eine Gut- bezw. Lastschreibung für das nächste Steuerjahr nicht stattfinden. FME. v. 22. Jan. 1894, Mitth.H. 30 S. 50.

§ 14.

Steuersätze.

Die Mittelsätze betragen:

in Klasse II	300 Mark,
in Klasse III	80 „
in Klasse IV	16 „

Die bei der Steuervertheilung zulässigen geringsten und höchsten Steuersätze[1]) betragen:

in Klasse II . . .	156 bis 480 Mark,
in Klasse III . . .	32 bis 192 „
in Klasse IV . . .	4 bis 36 „

Die Steuersätze sollen bis zu 40 Mark um je 4 Mark, von da ab bis 96 Mark um je 8 Mark, weiter bis 192 Mark um je 12 Mark und weiter bis zu 480 Mark um je 36 Mark steigend abgestuft werden.[2])

1) Die Anordnung der höchsten und niedrigsten Steuersätze ist nicht etwa als eine zwingende in dem Sinne aufzufassen, daß diese Sätze bei jeder Steuervertheilung innerhalb eines Veranlagungsbezirks zur Anwendung kommen müssen, vielmehr bezeichnen dieselben nur die Grenzen, in denen sich die Abgeordneten bei der Steuervertheilung zu bewegen haben, indem sie einerseits oberhalb, andererseits unterhalb des Mittelsatzes der Klasse die durch das Verhältniß der Erträgnisse bedingten Steuersätze anwenden. A. Art. 15 Ziffer 10.

2) Hiernach sind die zulässigen Sätze: 4, 8, 12, 16, 20, 24, 28, 32, 36, 40, 48, 56, 64, 72, 80, 88, 96, 108, 120, 132, 144, 156, 168, 180, 192, 228, 264, 300, 336, 372, 408, 444, 480 Mark.

Steuerausschüsse.

§ 15.

1. Behufs Veranlagung der Gewerbesteuer der Klassen II, III und IV wird für jede Klasse und jeden Bezirk (§§ 6, 11 und 12) ein Steuerausschuß gebildet, welcher aus einem Kommissar der Bezirksregierung als Vorsitzenden und von den Steuerpflichtigen der betreffenden Klasse (Steuergesellschaft) aus ihrer Mitte für drei Jahre gewählten Abgeordneten besteht.[1])

Letztere, deren Anzahl vom Finanzminister bestimmt wird, haben die Steuersumme nach ihrer Kenntniß oder Schätzung des Ertragsverhältnisses[2]) unter die einzelnen Mitglieder der Steuergesellschaft zu vertheilen. Dem Kommissar der Regierung steht die Befugniß zu, hierbei den Vorsitz zu übernehmen;[3]) er hat jedoch nur im Falle der Gleichheit der Stimmen der Abgeordneten ein Stimmrecht.

2. Mit Ausnahme derjenigen Betriebe, welche bei geringerem als dem für die betreffende Klasse maßgebenden Ertrage (§ 6) wegen der Höhe des Anlage- und Betriebskapitals der Steuergesellschaft zugehören,[4]) soll die Steuer der einzelnen Gewerbebetriebe den für Klasse I vorgeschriebenen Prozentsatz des Ertrages unter Berücksichtigung der zulässigen Steuersätze (§ 14) nicht übersteigen. Ermäßigung bis auf den diesem Prozentsatz entsprechenden Steuersatz kann von den Steuer-

pflichtigen im Wege des Einspruchs und der Berufung (§§ 35 ff.) beansprucht werden.

3. Sollte die Steuersumme einer Gesellschaft bei vorschriftsmäßiger Steuervertheilung nicht aufgebracht werden können, ohne die Gewerbebetriebe, deren Ertrag die für die betreffende Klasse maßgebende Höhe erreicht (§ 6), mit Steuersätzen zu belegen, welche das vorstehend (Nr. 2) bestimmte Maß übersteigen, so hat der Finanzminister die erforderliche Herabsetzung der Steuersumme zu verfügen.[5])

1) Ueber Neubildung von Steuerausschüssen vgl. FME. v. 28. Nov. 1893, Mitth.H. 29 S. 37.

2a) Die Abgeordneten in den Klassen II, III und IV haben die Steuersumme nach bestem Wissen und Gewissen und nach ihrer Kenntniß oder Schätzung des Ertragsverhältnisses zwischen den einzelnen Gewerbebetrieben unter die Mitglieder der Gesellschaft zu vertheilen, so daß die den einzelnen aufgelegten Steuersätze unter sich thunlichst in einem, dem Ertragsverhältnisse entsprechenden Verhältnisse stehen. A. Art. 15 Ziffer 9 Abs. 2.

2b) Die Vertheilung hat lediglich nach Maßgabe des Ertrages zu erfolgen. Auf andere Umstände, als z. B. auf das größere oder geringere persönliche oder geschäftliche Ansehen des Gewerbetreibenden, ferner auf den Betriebsumfang, auf die Frage, ob der Gewerbetreibende mit eigenem oder fremdem Kapital arbeitet u. s. w., worauf früher die Bemessung des Steuersatzes basirt werden durfte, ist jetzt Rücksicht überhaupt nicht zu nehmen. Ganz allein die Höhe des Geschäftsertrages ist für die Feststellung des Steuersatzes entscheidend. Vgl. Entsch. d. OVG. v. 27. Sept. 1894, Entsch. i. St. Bd. III S. 217.

2c) In den Klassen II—IV kann der gegen die Höhe des Steuersatzes gerichtete Einspruch nicht nur mit der Ueberschreitung der Grenze von 1% des Ertrages, sondern auch mit der Unverhältnißmäßigkeit der Besteuerung, d. h. damit begründet werden, daß der Steuersatz im Verhältniß zur Besteuerung der übrigen Mitglieder der Steuergesellschaft nach dem Maßstabe des Ertragsverhältnisses zu hoch sei. FME. v. 23. Aug. 1893, Mitth.H. 29 S. 39. Siehe auch Entsch. d. OVG. v. 8. Nov. 1894, Entsch. i. St. Bd. III S. 321.

3) Nur für die Steuervertheilung ist der Steuerausschuß ohne Vorsitzenden zuständig, falls dieser von der ihm ertheilten Befugniß nicht Gebrauch macht. In diesem Falle hat der Steuerausschuß aus seiner Mitte einen Leiter der Verhandlung zu wählen. A. Art. 22 Ziffer 8. Für alle übrigen Funktionen besteht der Steuerausschuß aus dem Vorsitzenden und den Abgeordneten.

4a) Der FME. v. 9. Mai 1893, Mitth.H. 29 S. 34, erklärt die Annahme, daß die lediglich auf Grund des Anlage- und Betriebskapitals einer Gewerbesteuerklasse zugewiesenen Steuerpflichtigen mindestens den Mittelsatz aufzubringen hätten, für irrthümlich. Auf diese Steuerpflichtigen findet ebenfalls der allgemeine Grundsatz des § 15 Nr. 1 Abs. 2 des Gewerbesteuergesetzes, der Besteuerung nach dem Maßstabe des Ertragsverhältnisses, Anwendung.

4b) Das Verbot einer über 1% des Ertrages hinausgehenden Besteuerung in § 15 Nr. 2 des Gewerbesteuergesetzes findet auf die sämmtlichen, den Gewerbesteuerklassen II, III und IV angehörigen Betriebe einschließlich derjenigen Anwendung, welche lediglich wegen der Höhe des Anlage- und Betriebskapitals der betreffenden Steuergesellschaft angehören. Der zulässige

Steuersatz ist derjenige, der einer Besteuerung mit 1% am nächsten kommt, ohne diesen Prozentsatz zu überschreiten, mithin der nächste niedrigere Satz bei Erträgen, die nicht genau dem Hundertfachen der Steuersätze gleichkommen, und bei Erträgen, die das Hundertfache des niedrigsten Satzes der Veranlagungsklasse nicht erreichen, der niedrigste Steuersatz der letzteren. Entsch. d. OVG. v. 27. Sept. 1894, Entsch. i. St. Bd. III S. 209.

5a) Zu vgl. A. Art. 15 Ziffer 12. Eine dauernde anderweitige Normirung des Mittelsatzes kommt dabei nicht in Frage, sondern nur die Herabsetzung der Steuersumme für ein bestimmtes Steuerjahr und zwar um denjenigen Betrag, den die Steuergesellschaft bei vorschriftsmäßiger Steuervertheilung nachweislich nicht aufzubringen vermag. FME. v. 2. Aug. 1893, Mitth.H. 29 S. 35.

5b) Nach Zustellung der Steuerzuschriften oder Offenlegung der Gewerbesteuerrollen findet eine Ermäßigung der Steuersumme überhaupt nicht mehr statt. FME. v. 15. Nov. 1893, Mitth.H. 29 S. 35.

5c) Ist der Antrag auf Herabsetzung der Steuersumme von zuständiger Stelle abgelehnt und verweigern die Abgeordneten trotzdem die Vertheilung der ganzen Steuersumme, so ist der Fall des § 48 des Gesetzes gegeben und die Vertheilung für das betr. Steuerjahr vom Vorsitzenden des Steuerausschusses zu bewirken. Art. 21 B Ziffer 5 d. A.

§ 16.

Die erstmaligen Wahlen nach dem Inkrafttreten dieses Gesetzes werden für Klasse II von den Steuerpflichtigen der bisherigen Klasse A I bewirkt, für Klasse III von den übrigen Steuerpflichtigen, deren bisheriger Gewerbesteuersatz 36 Mark oder mehr beträgt, für Klasse IV von den Steuerpflichtigen mit einem bisherigen Steuersatze von weniger als 36 Mark nach Ausscheidung derjenigen, deren Befreiung von der Gewerbesteuer auf Grund des § 7 nach der Feststellung der bisherigen Veranlagungsbehörde keinem Zweifel unterliegt.

Ort der Veranlagung und Veranlagungsgrundsätze.

§ 17.

Mehrere Betriebe [1]) derselben Person [2]) werden als ein steuerpflichtiges Gewerbe zur Steuer veranlagt. Die auf Grund des § 5 steuerpflichtigen Konsumanstalten [3]) gewerblicher Unternehmer sind jedoch von den sonstigen Betrieben der Unternehmer getrennt zur Steuer heranzuziehen.

Die Besteuerung erfolgt in dem Veranlagungsbezirke, in welchem das Gewerbe betrieben wird. [4])

Findet der Betrieb in mehreren Veranlagungsbezirken statt, so erfolgt die Besteuerung in dem Bezirke, in welchem die Geschäftsleitung des Unternehmens ihren Sitz [5]) oder der in § 2 Absatz 2 [6]) erwähnte Vertreter seinen Wohnsitz hat.

Dasselbe gilt, wenn mehrere Gewerbe von derselben Person betrieben werden. [7])

Erforderlichenfalls bestimmt der Finanzminister endgültig den Veranlagungsbezirk, in welchem die Besteuerung stattzufinden hat. [8])

1) Gemeint sind natürlich nur die „steuerpflichtigen" Betriebe; die als solche steuerfreien Betriebe (§§ 3—5 des Gewerbesteuergesetzes, § 28 des Kommunalabgabengesetzes) derselben Personen bleiben außer Betracht. Ebenso bleiben außer Betracht die Erträge bezw. Anlage- und Betriebskapitalien der außerhalb Preußens errichteten gewerblichen Niederlassungen und des mit dem stehenden Gewerbe etwa verbundenen Gewerbebetriebes im Umherziehen. A. Art. 2 Ziffer 2.

2a) Erforderlich ist die vollständige Identität des Inhabers der verschiedenen Betriebe und bei Personenmehrheiten diejenige aller Mitglieder. Zu vergleichen A. Art. 2 Ziffer 3.

2b) Die Gewerbebetriebe von Eheleuten, die nicht dauernd von einander getrennt leben, sind nur als ein steuerpflichtiges Gewerbe zu behandeln. § 20 des Ges. und Art. 2 Ziffer 4 d. A.

3) Ueber den Grund dieser einzig dastehenden Ausnahme vgl. Abg.H. Komm.Ber. S. 15. Ueber die Heranziehung einer Arbeiterkantine zur Gewerbe- und Betriebssteuer vgl. FME. v. 14. Sept. 1893, Mitth.H. 29 S. 41. Mehrere Konsumanstalten desselben gewerblichen Unternehmers werden einheitlich veranlagt.

4a) Im Falle gleichzeitiger Veranlagung eines Gewerbtreibenden in mehreren Klassen oder Bezirken ist nur die Veranlagung in dem nach § 17 des Gewerbesteuergesetzes zuständigen Bezirke und bei mehrfacher Veranlagung daselbst die in der höheren Steuerklasse oder zum höheren Steuersatze aufrecht zu erhalten. Entsch. d. OVG. v. 20. April 1896, Entsch. i. St. Bd. V S. 425.

4b) In den Steuerklassen II, III u. IV darf auch der Ort der Veranlagung durch die Rechtsmittel angefochten werden. Entsch. d. OVG. v. 11. Okt. 1894, Entsch. i. St. Bd. III S. 255.

5a) Zu vgl. A. Art. 30 und Art. 35 Nr. 5 Abs. 2 u. 4 der A. v. 5. Aug. 1891 zum Einkommensteuergesetze.

5b) Dampfschiffsrestaurateure, welche nur das Gewerbe als solche auf dem Schiffe betreiben, ohne auch an ihrem Wohnorte einen stehenden Gewerbebetrieb zu unterhalten, sind in demjenigen Veranlagungsbezirke zu veranlagen, worin das mit dem Schiffe betriebene Transportgewerbe veranlagt wird. FME. v. 1. Dez. 1894, Mitth.H. 30 S. 51.

6) Vgl. Anm. 5 zu § 2.

7) Auch hier ist also Sitz der Geschäftsleitung bezw. Wohnsitz des Unternehmers maßgebend.

8) Die Veranlagung der v. 1. April 1895 ab steuerpflichtig werdenden Betriebe des Staates und der Reichsbank erfolgt in Berlin nach den hierüber ergehenden besonderen Bestimmungen. Bekanntmachung d. FM. v. 22. Dez. 1894, Mitth.H. 30 S. 52.

§ 18.

Gewerbe, welche von mehreren Personen gemeinschaftlich betrieben werden, sind ebenso zu besteuern, als wenn sie nur von einer Person betrieben würden.

Für die Erfüllung der nach diesem Gesetz den Steuerpflichtigen obliegenden Verpflichtungen haften die Theilnehmer (Gesellschafter) solidarisch.[1] [2])

1) Die Erfüllung der Verpflichtung seitens Eines der Theilnehmer befreit die Uebrigen von ihrer Verbindlichkeit. Zu vergleichen A. Art. 12 Ziffer 1 letzter Absatz.

2) Vgl. Anm. 3 zu § 19.

§ 19.

Der Gewerbebetrieb der juristischen Personen[1]) und Vereine wird wie derjenige physischer Personen besteuert.

Für die Erfüllung der nach diesem Gesetz den Steuerpflichtigen obliegenden Verpflichtungen haftet bei Aktiengesellschaften und sonstigen durch einen Vorstand vertretenen Gesellschaften, Genossenschaften u. s. w. und bei juristischen Personen der Vorsitzende und jedes Mitglied des geschäftsführenden Vorstandes,[2]) bei Kommanditgesellschaften und Kommanditgesellschaften auf Aktien die persönlich haftenden Gesellschafter.[3])

Die Erfüllung der Verpflichtung seitens Eines der dafür Haftenden befreit die Uebrigen von ihrer Verbindlichkeit.

1a) Eine Aktiengesellschaft ist nicht als solche, sondern nur dann steuerpflichtig, wenn sie ein Gewerbe betreibt. Dies ist im Zweifelsfalle, ebenso wie einer physischen Person gegenüber, festzustellen. Bei Aktiengesellschaften, die den Statuten gemäß und thatsächlich Gewerbe treiben, spricht die Vermuthung für einen rein gewerblichen Gesammtbetrieb. Entsch. d. OVG. v. 11. Okt. 1894, Entsch. i. St. Bd. III S. 234, v. 18. April 1895, Entsch. i. St. Bd. IV S. 362, v. 14. Okt. 1897, Entsch. i. St. Bd. VI S. 387.

1b) Hierunter fallen auch die Kommunen. ALR. Th. II Tit. VI § 81. Es sind also auch z. B. sämmtliche Gewerbebetriebe einer Kommune einheitlich zu besteuern. Abg.H. Komm.Ber. S. 16.

2) Nicht der Aufsichtsrath bei Aktiengesellschaften, sondern die sich aus dem Handelsregister ergebenden Personen, welchen die verantwortliche Geschäftsführung obliegt. Abg.H. Komm.Ber. S. 16.

3) Das event. wegen Nichterfüllung der gesetzlichen Verpflichtungen einzuleitende Strafverfahren (§§ 70, 71) richtet sich gegen sämmtliche hiernach Verpflichteten.

§ 20.

Betreibt die Ehefrau eines Gewerbetreibenden, welche nicht dauernd von demselben getrennt lebt,[1]) ein eigenes Gewerbe, so ist der Ertrag beziehungsweise das Anlage- und Betriebskapital dieses Gewerbes demjenigen des Ehemannes zuzurechnen und findet eine gesonderte Besteuerung[2]) des ersteren nicht statt.

1a) Ueber den Begriff der dauernden Trennung der Ehefrau vom Ehemanne zu vgl. Entsch. d. OVG. v. 7. März 1893, Entsch. i. St. Bd. I S. 252. Eine dauernde Trennung ist nur anzunehmen, wenn die Thatsache völligen Getrenntseins wie im ehelichen Leben, so im Haushalt und in der Wirthschaftsführung vorliegt, und zwar herbeigeführt in der erkennbaren Absicht, die Trennung vorzunehmen und diesen Zustand für längere Dauer festzuhalten.

1b) Dauernde Trennung im Sinne des Gesetzes liegt nicht ohne Weiteres schon dann vor, wenn der eine Theil krankheitshalber außerhalb der ehelichen Wohnung untergebracht werden muß. Entsch. d. OVG. v. 20. Sept. 1893, Entsch. i. St. Bd. II S. 173. Auch dann nicht, wenn der eine Theil sich im Gefängniß befindet. Entsch. d. OVG. v. 21. Dez. 1894, Entsch. i. St. Bd. III S. 171.

2) Weil der Ehemann regelmäßig Verwalter und Nutznießer des Vermögens und Erwerbes der Ehefrau ist, wird in steuerlicher Hinsicht beider Gewerbebetrieb als Einheit betrachtet. Es ist also das von der Ehefrau eines Gewerbtreibenden betriebene Gewerbe kein besonderes Steuerobjekt, daher auch wegen Erfüllung der gesetzlichen Obliegenheiten hinsichtlich desselben nur der Ehemann in Anspruch genommen werden kann. Auch

die Zahlung der Steuer ist nur von diesem zu fordern, zumal der gemeinsame Steuersatz gar nicht erkennen läßt, welcher Betrag auf das von der Ehefrau betriebene Gewerbe entfällt.

§ 21.

Bei inländischen[1]) Gewerben, welche außerhalb Preußens einen stehenden Betrieb[2]) durch Errichtung einer Zweigniederlassung, Fabrikations-, Ein- oder Verkaufsstätte oder in sonstiger Weise unterhalten, bleibt derjenige Betrag des Ertrages beziehungsweise des Anlage- und Betriebskapitals, welcher auf den in anderen Bundesstaaten[3]) unterhaltenen Betrieb entfällt, für die Besteuerung außer Ansatz, jedoch nach Abzug des auf die in Preußen befindliche Geschäftsleitung zu rechnenden Antheils von einem Zehntel[4]) des Ertrages, soweit nicht das Reichsgesetz wegen Beseitigung der Doppelbesteuerung vom 13. Mai 1870 (Bundes-Gesetzbl. S. 119) entgegensteht.[5])

1) „Inländische", d. h. in Preußen domizilirte. Vgl. A. Art. 3 Ziffer 2.

2) Jeder nicht den Charakter eines stehenden Betriebes oder des Gewerbebetriebes im Umherziehen an sich tragende Geschäftsbetrieb inländischer Gewerbe außerhalb Preußens, insbesondere derjenige vermittelst der Handlungsreisenden, ist in vollem Umfange mit der Gewerbesteuer zu erfassen. Art. 3 Ziffer 2 Abs. 2 d. A.

3) Den Bundesstaaten stehen das Reichsland Elsaß-Lothringen und die deutschen Schutzgebiete gleich. Min.-Anm. zu Art. 19 d. A.

4) Der Steuerpflichtige, der eine hiervon abweichende Berechnungsart beansprucht, hat die gesetzliche Vermuthung durch entsprechende Gegenbeweise zu entkräften. Entsch. d. OVG. v. 17. Jan. 1895, Entsch. i. St. Bd. III S. 391, v. 28. Nov. 1898, Entsch. i. St. Bd. IV S. 434.

5) Gestatten die Verhältnisse eine gesonderte Ertragsberechnung für den in Preußen steuerpflichtigen Theil des Gewerbes, so ist eine solche in gewöhnlicher Weise vorzunehmen. Dabei ist bezüglich derjenigen inländischen Gewerbe, welche außerhalb Deutschlands einen stehenden Betrieb unterhalten, für die in Preußen befindliche Geschäftsleitung ein angemessener Theil des im Auslande erzielten Ertrages in Ansatz zu bringen. Bezüglich derjenigen inländischen Gewerbe, welche in anderen Bundesstaaten einen stehenden Betrieb errichtet haben, ist zur Vermeidung von weitläufigen Erörterungen der für die in Preußen befindliche Geschäftsleitung zu rechnende Antheil des auswärts erzielten Ertrages auf $1/_{10}$ desselben anzunehmen. Ist jedoch der diesseits steuerpflichtige Theil des Betriebes mit dem nicht steuerpflichtigen dergestalt verbunden, daß der Ertrag nur einheitlich für das gesammte Unternehmen ermittelt werden kann, so ist der Besteuerung unter sorgfältiger Beachtung des etwa schon für die Veranlagung der Einkommensteuer gesammelten Materials eine nach Billigkeit und nöthigenfalls nach dem Gutachten Sachverständiger zu bemessende Quote des Gesammtertrages zu Grunde zu legen. Art. 19 d. A.

§ 22.

Bei Ausmittelung des Ertrages [1]) kommen alle Betriebskosten [2]) und die Abschreibungen,[3]) welche einer angemessenen [4]) Berücksichtigung der Werthsverminderung entsprechen, in Abzug. Insbesondere kann auch die Werthsverminderung derjenigen

Gegenstände, welche aus dem Betriebe ausscheiden,[5]) nach Maßgabe ihres Buchwerthes[6]) abgeschrieben werden.[7]) Dem Ertrage zuzurechnen[8]) sind die aus den Betriebseinnahmen bestrittenen Ausgaben für Verbesserungen und Geschäftserweiterungen, sowie für den Unterhalt des Gewerbetreibenden und seiner Angehörigen. Nicht abzugsfähig sind Zinsen für das Anlage- und Betriebskapital, dasselbe mag dem Gewerbetreibenden selbst oder Dritten gehören und für Schulden, welche behufs Anlage oder Erweiterung des Geschäfts, Verstärkung des Betriebskapitals oder zu sonstigen Verbesserungen aufgenommen sind.[9])

1a) „Ertrag" von Gewerbebetrieben mit kaufmännischer Buchführung ist derjenige Vermögenszuwachs, welcher sich beim Abschlusse des Geschäftsjahrs im Vergleiche mit dem Abschlusse des vorhergehenden Geschäftsjahrs aus den Inventuren und Bilanzen, eventuell nach Berichtigung gemäß den besonderen Vorschriften des § 22 des Gewerbesteuergesetzes, ergiebt. Entsch. d. OVG. v. 21. Nov. 1895, Entsch. i. St. Bd. IV S. 421. Der steuerpflichtige Ertrag ist der Inbegriff dessen, was innerhalb einer gewissen Zeitperiode an Geldwerth, Gütern und Nutzungen durch objektiven Gewerbebetrieb hervorgebracht wird. Siehe Entsch. d. OVG. v. 30. April 1896, Entsch. i. St. Bd. V S. 419.

1b) Der der Besteuerung zu Grunde zu legende Ertrag wird gefunden durch Abzug:

a) der Betriebskosten, d. h. der zur Erzielung des Gewinns gemachten Aufwendungen und
b) der Abschreibungen

von der gesammten Betriebseinnahme (Roheinnahme).

Vgl. A. Art. 16 I u. II. Ebendaselbst wird der Begriff der „Roheinnahme" und der „Betriebskosten" wie folgt erläutert:

I. Zu der Roheinnahme gehören insbesondere:

1. die für geschäftliche oder gewerbliche Leistungen jeder Art bedungenen oder gewährten Provisionen, Zinsen und sonstige Gegenleistungen;
2. der erzielte Preis für alle gegen Baarzahlung oder auf Kredit verkauften Waaren und Erzeugnisse;
3. der Geldwerth der zum Gebrauche oder Verbrauche des Steuerpflichtigen, seiner Angehörigen und der nicht zum Gewerbebetriebe gehaltenen Dienstboten und sonstigen Hausgenossen aus dem Betriebe entnommenen Erzeugnisse und Waaren.

II. Als Betriebskosten sind insbesondere abzugsfähig:

1. die Kosten der Unterhaltung der dem Betriebe dienenden Gebäude und sonstigen baulichen Anlagen, sowie zur Erhaltung und Ergänzung des vorhandenen lebenden und todten Betriebsinventars;
2. die Kosten der Versicherung der zu I gedachten Gegenstände, sowie der Waarenvorräthe gegen Brand und sonstigen Schaden;
3. der Pacht- und Miethzins für die zum Geschäftsbetriebe gepachteten und gemietheten Grundstücke, Gebäude, Räumlichkeiten und Utensilien;
4. die Ausgaben für die im Betriebe erforderliche Heizung und Beleuchtung;
5. die Anschaffungskosten für die eingekauften Roh- und Hülfsstoffe und Waaren, sowie für die sonst im Betriebe erforderlichen Materialien;
6. die Löhnung der für den Gewerbebetrieb angenommenen Angestellten, Gesellen, Gehilfen, Arbeiter einschließlich des Geldwerths der etwa

gewährten Beköstigung und sonstigen Naturalleistungen, soweit diese nicht aus den Betriebsbeständen entnommen werden;

7. die von dem Unternehmer gesetz- oder vertragsmäßig für das Betriebspersonal zu entrichtenden Beiträge zu Kranken-, Unfall-, Alters- und Invalidenversicherungs-, Wittwen-, Waisen-, Pensions- und dergleichen Kassen;

8. die auf den Betriebsgrundstücken und dem Gewerbe haftenden Realabgaben und sonstigen öffentlichen Lasten, sowie die im Geschäftsbetriebe zu entrichtenden indirekten Abgaben (Zölle u. s. w.). Der Abzug der Einkommensteuer ist unzulässig; dagegen ist die Abzugsfähigkeit der Gewerbesteuer anerkannt. FME. v. 1. Mai 1895, Mitth.H. 33 S. 49, Entsch. d. OVG. v. 28. Nov. 1895, Entsch. i. St. Bd. IV S. 406.

1c) Der steuerpflichtige Ertrag einer Kommanditgesellschaft auf Aktien umfaßt auch die auf die Gewinnbetheiligung der persönlich haftenden Gesellschafter entfallenden Beträge. Entsch. d. OVG. v. 21. Febr. 1893, Entsch. i. St. Bd. IV S. 283.

1d) Der durch Ausgabe neuer Aktien gegen Aufgeld von einer bereits bestehenden Aktiengesellschaft erzielte Agiogewinn bildet keinen Theil des nach dem Gewerbesteuergesetze steuerpflichtigen Ertrages. Entsch. d. OVG. v. 31. Jan. 1895, Entsch. i. St. Bd. IV S. 357.

1e) Bei Feststellung des steuerpflichtigen Ertrages im Rechtsmittelverfahren müssen die Verhandlungen über die Einkommensteuerveranlagung berücksichtigt werden, und es darf von ihrem Ergebnisse ohne erkennbaren Grund nicht abgewichen werden. Entsch. d. OVG. v. 11. Okt. 1894, Entsch. i. St. Bd. III S. 229 u. 273. Vgl. auch Entsch. d. OVG. v. 25. Okt. 1894 und v. 22. Nov. 1894, Entsch. i. St. Bd. III S. 268 u. 275. Die Benutzung der Verhandlungen über die Einkommensteuerveranlagung darf nicht in rein mechanischer Weise, sondern muß in geeigneter Weise geschehen. Entsch. d. OVG. v. 17. Okt. 1895, Entsch. i. St. Bd. IV S. 375.

1f) Der „Vortrag auf neue Rechnung" ist der nicht verwendete Rest der Ueberschüsse und muß dem Ertrage desjenigen Jahres hinzugerechnet werden, in welchem die Ueberschüsse erzielt worden sind. Entsch. d. OVG. v. 17. Jan. 1895, Entsch. i. St. Bd. III S. 403.

1g) Gewinne und Verluste aus Spekulationsgeschäften, welche als Ausfluß einer gewerbsmäßigen Thätigkeit anzusehen sind, sind bei der Berechnung des der Gewerbesteuer zu Grunde zu legenden gewerblichen Ertrages in Ansatz bezw. Abzug zu bringen. FME. v. 21. März 1893 Mitth.H. 26 S. 37.

1h) Der von einem Konsumvereine unter seine Mitglieder vertheilte sogenannte Kundengewinn bildet keinen Theil des gewerbesteuerpflichtigen Ertrages. Entsch. d. OVG. v. 14. Okt. 1897, Entsch. i. St. Bd. VI S. 385.

2a) Die Kosten für Beschaffung von Modellen im Betriebe einer Eisengießerei und Maschinenfabrik sind Betriebskosten. Dasselbe gilt von Entschädigungen, die wegen Minderwerthigkeit der gelieferten Waaren vom Lieferanten gewährt werden müssen. Entsch. d. OVG. v. 31. Okt. 1895, Entsch. i. St. Bd. IV S. 404 u. 405.

2b) Durch den Gewerbebetrieb entstandene Gerichtskosten sind der Regel nach abzugsfähige Betriebskosten. Entsch. d. OVG. v. 28. Nov. 1895, Entsch. i. St. Bd. IV S. 406.

2c) Entschädigungen, welche eine Boden-Kredit-Gesellschaft den Pfandbriefinhabern für die Herabsetzung des Zinsfußes neben den herabgesetzten Zinsen der Pfandbriefe zu gewähren verpflichtet ist, gehören ebenso wie die Pfandbriefzinsen, zu den abzugsfähigen Betriebskosten. Entsch. d. OVG. v. 21. Nov. 1895, Entsch. i. St. Bd. IV S. 424.

2d) Die von einer Straßenbahn für die Benutzung der öffentlichen Straßen an eine Stadtgemeinde gewährten Leistungen charakterisiren sich als Pacht- und Miethzinsen, deren Abzug unter den Betriebskosten von der Einnahme zulässig ist. Entsch. d. OVG. v. 11. Okt. 1894, Entsch. i. St. Bd. III S. 257.

2e) Der Miethswerth der dem Gewerbetreibenden gehörigen gewerblichen Räume ist nicht abzugsfähig. Entsch. d. OVG. v. 17. Jan. 1895, Entsch. i. St. Bd. III S. 393.

2f) Die vertragsmäßig bedungenen Aufwendungen für Gehalt, Lohn, Beköstigung und dergl. der im Gewerbebetriebe beschäftigten Verwandten sind in der Regel abzugsfähige Betriebskosten und nur dann nicht abzugsfähig, wenn die Verwandten wirthschaftlich unselbständig sind und zum Haushalte des Gewerbetreibenden gehören. Entsch. d OVG. v. 21. Febr. 1895, Entsch. i. St. Bd. IV S. 284. Art. 16 letzter Absatz d. A.

2g) Es kommt auf die wirklich verwendeten Betriebskosten an; die Angemessenheit derselben hat die Veranlagungsbehörde nur dann zu prüfen, wenn sie Verschleierung eines anderen Geschäfts durch künstliche Steigerung der Anschaffungskosten annimmt. Entsch. d. OVG. v. 17. Jan. 1895, Entsch. i. St. Bd. IV S. 262.

2h) Einrichtungskosten, die durch Emission neuer Pfandbriefe durch eine Hypothekenbank entstehen, stellen sich als Betriebskosten dar. Entsch. d. OVG. v. 31. Jan. 1895, Entsch. i. St. Bd. IV S. 271.

2i) Ueberweisungen an Pensions- oder Unterstützungsfonds für Beamte und Arbeiter stellen abzugsfähige Betriebskosten dar, wenn nach den besonderen Umständen des Falles die betr. Zahlungen, wenn schon nicht auf statutarischer Regelung, so doch auf moralischer oder sozialer Verpflichtung der Gesellschaft beruhen, bezw. durch ethische, wirthschaftliche, soziale Rücksichten geboten sind. Entsch. d. OVG. v. 31. Jan. 1895, Entsch. i. St.

Bd. III S. 419 und v. 3. Dez. 1896, Entsch. i. St. Bd. V S. 441. Siehe jedoch die Entsch. v. 16. Dez. 1897 und 17. Jan. 1898, Entsch. i. St. Bd. VI S. 441 u. 442.

2k) Ueber die Voraussetzungen, unter denen die Preise, welche an die Aktionäre einer Zuckerfabrik für gelieferte Pflichtrüben und Ueberrüben gezahlt sind, in ihrem vollen Umfange als abzugsfähige Betriebskosten anzusehen sind, vgl. Entsch. d. OVG. v. 11. Nov. 1897, Entsch. i. St. Bd. VI S. 404 u. 410.

2l) Bei rein gewerblichen Aktiengesellschaften sind die sämmtlichen Steuern abzugsfähige Betriebskosten. Entsch. d. OVG. v. 31. Jan. 1895, Entsch. i. St. Bd. III S. 409.

3a) Abschreibungen sind bei allen zum gewerblichen Vermögen gehörenden, überhaupt einer Werthverminderung fähigen, Aktiven bis zur Erreichung der durch den wirklichen Werth zur Zeit der Abschreibung gebildeten Grenze zulässig. Dieser Grundsatz findet Anwendung auf Patente, zum Betriebe gehörige Effekten und Hypotheken-Forderungen. Entsch. d. OVG. v. 17. Jan. 1895, Entsch. i. St. Bd. III S. 395.

3b) Abschreibungen auf den Bahnkörper, auf die Geleise- und Pflasteranlagen bei Straßenbahnen sind zulässig. Entsch. d. OVG. v. 31. Jan. 1895, Entsch. i. St. Bd. IV S. 335.

3c) Eine Straßenbahn-Gesellschaft, welche verpflichtet ist, nach einer bestimmten Reihe von Jahren den Straßenkörper oder andere Theile ihres Aktivvermögens unentgeltlich einer Gemeinde zu übereignen, ist berechtigt, wegen der Werthverminderung, die der Bahnkörper ꝛc. durch die immer kürzer werdende Zeit der Benutzung seitens der Gesellschaft für diese erleidet, eine entsprechende angemessene Abschreibung vorzunehmen. Entsch. d. OVG. v. 29. Febr. 1896, Entsch. i. St. Bd. V S. 394.

4a) Die Regierungsvorlage hatte nur den Abzug der regelmäßigen Abschreibungen für Abnutzung der

Betriebseinrichtungen und Gebäude gestatten wollen. Die von der Abg.H.-Kommission gewählte, in das Gesetz aufgenommene Fassung der ersten beiden Sätze des § 22 will demgegenüber ausdrücken, daß auch andere Werthverminderungen als diejenigen, welche durch Abnutzung von Gebäuden und Betriebseinrichtungen entstehen, in Betracht zu ziehen sind, z. B. auch die Werthverminderungen an „Waaren und ausstehenden Forderungen". Durch den Fortfall des Wortes „regelmäßigen" wird zum Ausdruck gebracht, daß auch außergewöhnliche Werthverminderungen bezw. Abschreibungen abzugsfähig sind. Das Kriterium für die Abzugsfähigkeit der Abschreibungen ist allein, daß sie einer „angemessenen Berücksichtigung der Werthverminderung" entsprechen. Für das Maß der zulässigen Abschreibungen sind die bezüglich der kaufmännischen Buchführung geltenden Grundsätze bestimmend. A. Art. 16 III.

4b) Die Veranlagungsbehörden haben das Recht und die Pflicht, die Höhe der Ueberweisungen zum Delkrederefonds, ebenso wie diejenige aller Abschreibungen hinsichtlich ihrer Angemessenheit zu prüfen. Entsch. d. OVG. v. 18. April 1895, Entsch. i. St. Bd. IV S. 332, auch v. 31. Jan. 1895, Entsch. i. St. Bd. IV S. 335 und v. 30. April 1896, Entsch. i. St. Bd. V S. 419.

4c) Die Beurtheilung der Angemessenheit von Abschreibungen gehört wesentlich dem thatsächlichen Gebiete an und unterliegt deshalb an sich nicht der Anfechtung mit der Beschwerde. Entsch. d. OVG. v. 7. März 1895, Entsch. i. St. Bd. IV S. 304.

4d) Abschreibungen bei den Aktivis sind nur bis zur Erreichung der durch den wirklichen Werth zur Zeit der Abschreibung gebildeten Grenze zulässig und überhaupt nicht abzugsfähig, wenn der Buchwerth diese Grenze bereits erreicht oder nach unten hin überschritten hat. Entsch. d. OVG. v. 21. Febr. 1895, Entsch. i. St. Bd. IV S. 279.

5) Z. B. aufzugebende Fabrikanlagen, zu beseitigende Maschinen 2c.

6) Es kann die Differenz zwischen dem Buchwerthe und dem nach der Ausscheidung verbliebenen Werthe abgezogen werden. Ist der verbliebene Werth größer als der Buchwerth, so ist ein Abzug nicht statthaft. A. Art. 16 III letzter Absatz.

7) Es ist dabei ohne Belang, ob diese Gegenstände ersetzt, bezw. erneuert werden oder nicht. Im Falle des Ersatzes oder der Erneuerung treten aber natürlich die Mehrkosten der Neuanlage dem Anlagekapitale hinzu.

8a) Die sämmtlichen Kosten, einschließlich der übernommenen Hypothekenschulden, die für die Erwerbung eines Grundstückskomplexes zur Beschaffung der für den Gewerbebetrieb erforderlichen Lokalitäten gemacht sind, bilden Aufwendungen, welche behufs Anlage oder Erweiterung des Geschäfts oder zu sonstigen Verbesserungen gemacht sind, wenn auch thatsächlich nach der Erwerbung nur ein Theil des Grundbesitzes für den Gewerbebetrieb benutzt wird. Die Zinsen der auf solchen Grundstücken haftenden Hypothekenschulden dürfen bei Berechnung des steuerpflichtigen Ertrages nicht abgezogen werden. Entsch. d. OVG. v. 31. Okt. 1895, Entsch. i. St. Bd. IV S. 407.

8b) Bei Feststellung des steuerpflichtigen Ertrages sind die Aufwendungen, welche aus den Roheinnahmen des maßgebenden Jahres für Verbesserungen und Geschäftserweiterungen sowie für Tilgung der Schulden oder des Anlagekapitals gemacht worden sind, nicht abzugsfähig. Sind jedoch die erwähnten Aufwendungen nicht aus den Betriebseinnahmen des maßgebenden Jahres, sondern aus anderen zur Verfügung bereit stehenden Fonds bewirkt worden, so ist eine Hinzurechnung derselben zu dem sonstigen Ertrage unzulässig. Entsch. d. OVG. v. 17. Jan. 1895, Entsch. i. St. Bd. III S. 398, 401 u. 403.

8c) Abschreibungen bei dem auf der Passivseite der Bilanz stehenden Anlage- und Betriebskapital stellen für Aktiengesellschaften eine dem steuerpflichtigen Ertrage hinzuzurechnende Ansammlung von Vermögen dar. Entsch. d. OVG. v. 6. Dez. 1894, Entsch. i. St. Bd. III S. 345.

9a) Unter „Verstärkung des Betriebskapitals“ nach § 22 des Gewerbesteuergesetzes ist nicht nur eine Erhöhung über den ursprünglichen Betrag hinaus, sondern auch eine Ergänzung oder Wiederherstellung desselben zu verstehen. Eine Verstärkung in diesem Sinne bildet eine zur Abstoßung laufender Schulden verwendete feste Anleihe. Entsch. d. OVG. v. 31. Jan. 1895, Entsch. i. St. Bd. III S. 417.

9b) Das im letzten Satze des § 22 enthaltene Verbot des Abzugs der Zinsen bezieht sich nur auf diejenigen Zinsen, die nach kaufmännischem Gebrauche und zum Theil auf Grund ausdrücklicher Gesetzesvorschriften in Höhe von 4% von den gewerblichen Kapitalien, Einlagen u. s. w. berechnet und gutgeschrieben werden, bevor der Gewinn festgestellt wird. Die Abzugsfähigkeit anderer Zinsen ist nach den Worten „und für Schulden u. s. w.“ zu beurtheilen. Vgl. Anm. 9d Satz 2. Entsch. d. OVG. v. 31. Jan. 1895, Entsch i. St. Bd. IV S. 272.

9c) Die Eingehung von Schulden zur Vermeidung von Verlusten stellt eine Aufnahme von Schulden zur Verstärkung des Anlage- und Betriebskapitals nicht dar. Entsch. d. OVG. v. 16. April 1896, Entsch. i. St. Bd. V S. 415.

9d) Wegen des Nichtabzugs der Schuldenzinsen, welcher unmittelbar aus der Natur der Gewerbesteuer als einer „Ertragssteuer“ folgt, vgl. Begründ. d. Reg.-Vorl. S. 50. Komm.Ber. S. 19—21. Zinsen für die laufenden Geschäftsschulden, d. h. solche, die sich aus der laufenden Geschäftsführung ergeben, z. B. aus dem Bezuge gegen Kredit entnommener Waaren oder aus dem Kontokorrent sind aber abzugsfähig. Siehe z. B. FME. v. 25. März 1895, Mitth.H. 33 S. 48.

§ 23.

Das Anlage- und Betriebskapital [1]) umfaßt sämmtliche dem betreffenden Gewerbebetriebe dauernd [2]) gewidmeten Werthe.[3]) [4])

1) Das Gesetz enthält sich der näheren Detaillirung dessen, was zum Anlage- und Betriebskapital zu rechnen ist; diese Frage ist von Fall zu Fall zu entscheiden; alle Aufzählungen würden nicht erschöpfend sein. Die A. Art. 17 führt als zum Anlage- und Betriebskapital insbesondere gehörig auf:

1. die dem Gewerbe dienenden Grundstücke, Gebäude, baulichen Anlagen, Wasserkräfte, Maschinen, Geräthschaften, Werkzeuge, Thiere und Futtervorräthe, Vorräthe an fertigen Waaren, Roh- und Hülfsstoffen einschließlich der in der Bearbeitung, auf dem Transport und in öffentlichen Niederlagen oder auf auswärtigen Lagern befindlichen;
2. die Vorräthe an Geld, Gold und Silber, Papiergeld, Banknoten, Wechseln, Schuldscheinen und sonstigen Werthpapieren, die aus dem Gewerbebetriebe herrührenden Außenstände, einschließlich der laufenden Guthaben;
3. Gewerbeberechtigungen (z. B. die Realprivilegien der Apotheker, Realschankberechtigungen) und Rechte auf Gebrauch oder Nutzung fremder Grundstücke, Wege, Kanäle, Privatflüsse, Seen und dergleichen.

2a) Also nicht die vorübergehend einem Geschäfte überlassenen Werthe, wie z. B. Geldmittel aus dem Kontokorrent oder Depositen eines Bankgeschäfts. Komm.-Ber. S. 21. Die den Vorschuß- und Kreditvereinen als „Depositen- und Spareinlagen" zufließenden Beträge sind in der Regel nicht zum Betriebskapital zu rechnen und die Ausgaben für Verzinsung derselben dementsprechend bei der Berechnung des Ertrages von der Roheinnahme in Abzug zu bringen. FME. v. 22. Nov. 1892, Mitth.H. 26 S. 35.

Auch bei den Sparkassen können die Spareinlagen nur ausnahmsweise nach den besonderen Umständen der einzelnen Fälle als dauernd dem Betriebe der Sparkasse gewidmete Werthe angesehen werden. FME. v. 25. Nov. 1893, Mitth.H. 29 S. 31.

2b) Spareinlagen und Depositen sind grundsätzlich dem Anlage- und Betriebskapital nicht hinzuzurechnen. Entsch. d. OVG. v. 25. Okt. 1894, Entsch. i. St. Bd. III S. 298.

2c) Die Guthaben der Mitglieder eines Post-Spar- und Vorschußvereins sind nicht als dauernde Vermehrung des Betriebskapitals anzusehen. FME. v. 7. Dez. 1894, Mitth.H. 30 S. 47. Vgl. übrigens Anm. 4p zu § 1 des Ges.

3) Zum Anlagekapital gehört beispielsweise auch der Werth des dem Geschäfte gewidmeten eigenen Hauses; beim gemietheten Hause kommt der Werth nicht als Betriebskapital, wohl aber die Miethe als Betriebsausgabe zum Ansatz (§ 22). Zu vgl. FME. v. 1. Dez. 1892, Mitth.H. 26 S. 36.

4) Bei denjenigen Unternehmungen, welche in wesentlich gleichwerthiger Weise die steuerpflichtige Ausübung eines Gewerbes und einen steuerfreien Betrieb bezwecken (z. B. bei einem Landwirth, der eine Dresch- und Schrotanlage zunächst nur für den eigenen landwirthschaftlichen Betrieb hergestellt hat und sie nur nebenbei zum Dreschen und Schroten für fremde Rechnung benutzt), kommt für die Gewerbesteuerpflicht allein das auf den Gewerbebetrieb fallende Anlage- und Betriebskapital in Betracht. Läßt sich dasselbe nicht gesondert für jeden Betrieb berechnen, so ist es verhältnißmäßig darauf zu vertheilen. Entsch. d. OVG. v. 21. Nov. 1895, Entsch. i. St. Bd. IV S. 429.

§ 24.

Die Veranlagung der Gewerbesteuer erfolgt für jedes Steuerjahr.[1])

Für die Steuerveranlagung maßgebend ist der Ertrag des bei Vornahme derselben abgelaufenen Jahres, beziehungsweise das Anlage- und Betriebskapital nach seinem mittleren Stande im abgelaufenen Jahre.[2])

Besteht der Gewerbebetrieb noch nicht ein Jahr lang, so ist der Ertrag und das Betriebskapital nach dem zur Zeit der Veranlagung vorliegenden Anhalt zu schätzen.

Während des Steuerjahres eintretende Aenderungen sind erst bei der Besteuerung für das folgende Jahr zu berücksichtigen.[3])

1) Das Steuerjahr läuft vom 1. April bis zum 31. März. Vgl. Ges. v. 12. Juli 1876, betr. die Veranlagung und Erhebung der direkten Staatssteuern nach dem Etatsjahre (Gesetz-Samml. S. 288).

2a) Bei Gewerbetreibenden mit ordnungsmäßiger Buchführung ist das letzte Geschäftsjahr, bei den anderen das verflossene Kalenderjahr maßgebend. Art. 18 d. A.

2b) Maßgebend ist nicht das der Vorbereitung, sondern das der Ausführung der Veranlagung vorhergehende Jahr. Entsch. d. OVG. v. 20. Dez. 1894, Entsch. i. St. Bd. III S. 355, v. 31. Okt. 1895, Entsch. i. St. Bd. IV S. 407.

2c) Die Anwendung des § 24 Abs. 2 setzt eine wesentliche Gleichartigkeit des Gewerbebetriebes im Vorjahre und im Steuerjahre voraus. Bei Verneinung der

Gleichartigkeit ist Abs. 3 a. a. O. anzuwenden. Entsch. d. OVG. v. 8. Nov. 1894, Entsch. i. St. Bd. III S. 315.

2d) Einnahmen, welche nicht durch den Betrieb während des für die Steuerveranlagung maßgebenden Geschäftsjahres erzielt worden, sondern nach Ablauf desselben durch Zuwendungen Dritter einer Aktiengesellschaft zugeflossen und nachträglich zur Verbesserung der Bilanz für das abgelaufene Geschäftsjahr verwendet worden sind, dürfen bei Berechnung des steuerpflichtigen Ertrages des maßgebenden Geschäftsjahres nicht in Ansatz gebracht werden. Entsch. d. OVG. v. 7. März 1895, Entsch. i. St. Bd. IV S. 314.

2e) Bei Feststellung des steuerpflichtigen Ertrages des maßgebenden Vorjahrs sind nur die diesem Jahre zuzurechnenden Einnahmen in Ansatz zu bringen und nur diejenigen Betriebskosten und Abschreibungen, welche aus den Einnahmen dieses Jahres gedeckt worden sind oder gedeckt werden müssen, von der Roheinnahme desselben Jahres abzuziehen. Entsch. d. OVG. v. 28. Okt. 1897 und v. 25. Nov. 1897, Entsch. i. St. Bd. VI S. 400 u. 402.

3a) Der Umstand, daß Aktiengesellschaften oft erst einige Monate nach dem Ablaufe des Geschäftsjahres in der Lage sind, den auf dasselbe bezüglichen Geschäftsbericht und die auch formell festgestellte Bilanz beizubringen, kann eine Aenderung in dem Grundsatze, daß der Ertrag des letzten abgelaufenen Geschäftsjahres maßgebend ist, nicht begründen. Eventuell ist das Ergebniß des letzten Jahres durch Schätzung zu ermitteln. FME. v. 23. Dez. 1893, Mitth.H. 29 S. 33.

3b) Vgl. FME. v. 3. Nov. 1893, Mitth.H. 29 S. 36, welcher in einem Spezialfalle Folgendes ausführt:

> Da Sie für den Betrieb einer Gastwirthschaft und der Militärkantine daselbst zur Gewerbesteuer veranlagt sind, so kann bei dem fortgesetzten Betriebe der letzteren lediglich wegen Aufgabe der

Gastwirthschaft eine Veränderung Ihrer diesjährigen Gewerbesteuerveranlagung nicht eintreten.

Befugnisse des Steuerausschusses beziehungsweise des Vorsitzenden.[1])

§ 25.

Der Vorsitzende[2]) des Steuerausschusses, welcher zugleich das Interesse des Staates vertritt, hat die Geschäfte des Steuerausschusses vorzubereiten, zu leiten[3]) und dessen Beschlüsse auszuführen.

Zum Zweck der richtigen Veranlagung der Steuerpflichtigen hat er die erforderlichen Nachrichten über ihren Gewerbebetrieb einzuziehen.

Hierbei kann er sich nach seinem Ermessen der Mitwirkung der Gemeinde- (Guts-) vorstände und der Verwaltungsbehörden bedienen, welche seinen Aufforderungen Folge zu leisten schuldig sind.

Der Vorsitzende kann den Steuerpflichtigen auf Antrag oder von Amtswegen Gelegenheit zur persönlichen Verhandlung über die für die Veranlagung erheblichen Thatsachen und Verhältnisse gewähren, auch eine Besichtigung der gewerblichen Anlagen, Betriebsstätten und Vorräthe während der Arbeitsstunden veranlassen.[4]) [5]) [6])

Sämmtliche Staats- und Kommunalbehörden haben dem Vorsitzenden die Einsicht aller, die Gewerbsverhältnisse der Steuerpflichtigen betreffenden Bücher, Akten, Urkunden u. s. w. zu gestatten, sofern nicht besondere gesetzliche Bestimmungen [7]) oder dienstliche Rücksichten entgegenstehen.

1) Vgl. A. Art. 22, 23.

2) Ernannt für Klasse I vom Finanzminister, für II, III, IV von der Bezirksregierung. Vgl. § 10 u. § 15 Ziffer 1 des Gesetzes.

3) Vgl. Anm. 3 zu § 15 des Gesetzes. Siehe auch Art. 22 d. A.

4) Selbstverständlich kann er diese Besichtigung auch selbst vornehmen. Vgl. jedoch § 27 des Gesetzes Abs. 3.

5) Die Vernehmung von Zeugen und Sachverständigen kann jedoch nur der „Steuer-Ausschuß", nicht der Vorsitzende desselben allein anordnen. § 26 des Gesetzes.

6) Strafvorschrift vgl. § 71 des Gesetzes Ziffer 2.

7) Vgl. z. B. § 2 Abs. 4 des Ges. v. 20. Juli 1883 (Gesetz-Samml. S. 120), betreffend das Staatsschuldbuch, ferner § 2 Abs. 5 des Ges. v. 31. Mai 1891 (RGB. S. 321), betreffend das Reichsschuldbuch und § 35 Abs. 6 des Einkommensteuergesetzes v. 24. Juni 1891 wegen der Sparkassen. Siehe auch FME. v. 25. Jan. 1893, Mitth. H. 26 S. 15, welcher ausführt:

> Nach dem § 35 (letzter Absatz) des Einkommensteuergesetzes sind die Verwaltungen der öffentlichen Sparkassen nicht für verpflichtet zu erachten, den Steuerbehörden über die Höhe einzelner Sparkasseneinlagen Auskunft zu ertheilen.

§ 26.

Der Steuerausschuß [1]) ist berechtigt, Sachverständige und Auskunftspersonen zu vernehmen, nöthigenfalls auch dieselben zu beeidigen oder deren eidliche Vernehmung [2]) zu veranlassen.

Dieselben können die Auskunftertheilung auf die ihnen vorgelegten Fragen nur aus den nach Bestimmung der Civilprozeßordnung[3]) zur Verweigerung des Zeugnisses berechtigenden Gründen ablehnen. Personen, welche bei dem Steuerpflichtigen bedienstet sind oder waren,[4]) bleiben von der Vernehmung ausgeschlossen, insofern der Steuerpflichtige damit nicht einverstanden ist.

1) Zu vgl. A. Art. 24.

2) Durch das Amtsgericht. Vgl. dagegen §§ 38, 43 des Einkommensteuergesetzes, wo abweichend von der hier getroffenen Bestimmung die Vereidigung nur durch das Gericht zugelassen ist. Eine eidliche Vernehmung soll nur ausnahmsweise erfolgen, wenn besondere Umstände ihre Nothwendigkeit begründen. Dem Steuerpflichtigen kann auf Verlangen gestattet werden, der Vernehmung beizuwohnen, um Fragen an die Zeugen oder Sachverständigen zu richten. A. Art. 24 Ziffer 5 u. 6.

3) § 383 (früher 348) CPO.: Zur Verweigerung des Zeugnisses sind berechtigt:

1. der Verlobte einer Partei;
2. der Ehegatte einer Partei, auch wenn die Ehe nicht mehr besteht;
3. diejenigen, welche mit einer Partei in gerader Linie verwandt, verschwägert oder durch Adoption verbunden, oder in der Seitenlinie bis zum dritten Grade verwandt oder bis zum zweiten Grade verschwägert sind, auch wenn die Ehe, durch welche die Schwägerschaft begründet ist, nicht mehr besteht;
4. Geistliche in Ansehung desjenigen, was ihnen bei der Ausübung der Seelsorge anvertraut ist;

5. Personen, welchen kraft ihres Amtes, Standes oder Gewerbes Thatsachen anvertraut sind, deren Geheimhaltung durch die Natur derselben oder durch gesetzliche Vorschrift geboten ist, in Betreff der Thatsachen, auf welche die Verpflichtung zur Verschwiegenheit sich bezieht.

§ 384 (349). Das Zeugniß kann verweigert werden:

1. über Fragen, deren Beantwortung dem Zeugen oder einer Person, zu welcher derselbe in einem der im § 383 Nr. 1—3 bezeichneten Verhältnisse steht, einen unmittelbaren vermögensrechtlichen Schaden verursachen würde;
2. über Fragen, deren Beantwortung dem Zeugen oder einem der im § 383 Nr. 1—3 bezeichneten Angehörigen desselben zur Unehre gereichen oder die Gefahr strafgerichtlicher Verfolgung zuziehen würde;
3. über Fragen, welche der Zeuge nicht würde beantworten können, ohne ein Kunst- oder Gewerbegeheimniß zu offenbaren.

§ 385 (350). In den Fällen des § 383 Nr. 1—3 und des § 384 Nr. 1 darf der Zeuge das Zeugniß nicht verweigern:

1. über die Errichtung und den Inhalt eines Rechtsgeschäfts, bei dessen Errichtung er als Zeuge zugezogen war;
2. über Geburten, Verheirathungen oder Sterbefälle von Familiengliedern;
3. über Thatsachen, welche die durch das Familienverhältniß bedingten Vermögensangelegenheiten betreffen;
4. über diejenigen auf das streitige Rechtsverhältniß sich beziehenden Handlungen, welche von ihm selbst als Rechtsvorgänger oder Vertreter einer Partei vorgenommen sein sollen.

Die im § 383 Nr. 4, 5 bezeichneten Personen dürfen das Zeugniß nicht verweigern, wenn sie von der Verpflichtung zur Verschwiegenheit entbunden sind.

§ 407 (372). Der zum Sachverständigen Ernannte hat der Ernennung Folge zu leisten, wenn er zur Erstattung von Gutachten der erforderten Art öffentlich bestellt ist oder wenn er die Wissenschaft, die Kunst oder das Gewerbe, deren Kenntniß Voraussetzung der Begutachtung ist, öffentlich zum Erwerbe ausübt oder wenn er zur Ausübung derselben öffentlich bestellt oder ermächtigt ist.

Zur Erstattung des Gutachtens ist auch derjenige verpflichtet, welcher sich zu derselben vor Gericht bereit erklärt hat.

§ 408 (373). Dieselben Gründe, welche einen Zeugen berechtigen, das Zeugniß zu verweigern, berechtigen einen Sachverständigen zur Verweigerung des Gutachtens. Das Gericht kann auch aus anderen Gründen einen Sachverständigen von der Verpflichtung zur Erstattung des Gutachtens entbinden.

Die Vernehmung eines öffentlichen Beamten als Sachverständigen findet nicht statt, wenn die vorgesetzte Behörde des Beamten erklärt, daß die Vernehmung den dienstlichen Interessen Nachtheile bereiten würde.

4) Vgl. Komm.Ber. S. 22.

§ 27.

Eine Vorlegung der Geschäftsbücher des Gewerbetreibenden findet nur statt, wenn dieser selbst dazu bereit ist.[1])

Zur Offenbarung von Geschäftsgeheimnissen ist der Gewerbetreibende in keinem Falle verpflichtet.

Mit der Besichtigung der Anlagen, Betriebsstätten und Vorräthe (§ 25 Absatz 4) können ohne

Zustimmung des Gewerbetreibenden andere Personen als Staatsbeamte[2]) nicht beauftragt werden.

1a) Wenn der Steuerpflichtige sich auf seine Geschäftsbücher beruft, so ist er nur zur Vorlegung derselben, nicht zur Uebersendung, noch zur Belassung der Bücher bei der Behörde verpflichtet. Entsch. d. OVG. v. 27. Sept. 1894, Entsch. i. St. Bd. III S. 221. Siehe auch FME. v. 18. Aug. 1896, Mitth.H. 34 S. 34.

1b) Die Erhebung des Bücherbeweises muß in genügender Weise erfolgen. Die entscheidende Regierung muß über den Inhalt der Bücher selbständig urtheilen und bei unzureichender protokollarischer Feststellung seitens ihrer Beauftragten zur eigenen Einsichtnahme schreiten. Entsch. d. OVG. v. 27. Sept. 1894, Entsch. i. St. Bd. III S. 219.

2) Vgl. Reg.Vorl. und Komm.Ber. S. 22. Auch mittelbare Staatsbeamte (z. B. Gemeindebeamte) können mit der Besichtigung beauftragt werden.

§ 28.

Besondere Verpflichtung der Aktiengesellschaften.

Juristische Personen, Aktiengesellschaften,[1]) Kommanditgesellschaften auf Aktien,[2]) eingetragene Genossenschaften[3]) und alle zur öffentlichen Rechnungslegung verpflichteten gewerblichen Unternehmungen[4]) sind verpflichtet, ihre Geschäftsberichte und Jahresabschlüsse, sowie darauf bezügliche Beschlüsse der Generalversammlungen nach den näheren Bestimmungen des Finanzministers alljährlich der Bezirksregierung einzureichen.[5])

1) Vgl. Artikel 239 b u. 185 c des Ges. v. 18. Juli 1884 (RGB. S. 123).

2) Vgl. daselbst Artikel 185 c.

3) Vgl. § 46 des Ges. v. 1. Mai 1889 (RGB. S. 55).

4 a) Gesellschaften mit beschränkter Haftung haben die Verpflichtung aus § 28 nur dann, wenn sie nach § 42 Abs. 4 des R.Ges. v. 20. April 1892 zur öffentlichen Rechnungslegung verpflichtet sind. FME. v. 2. Febr. 1894, Mitth.H. 30 S. 51.

4 b) Berggewerkschaften sind zur Einreichung der Jahresabschlüsse nicht verpflichtet. FME. v. 6. Nov. 1897, Mitth.H. 35 S. 59.

5) Strafvorschrift vgl. § 71 des Ges. Ziffer 1.

§ 29.

Namentliche Nachweisungen für Klasse II bis IV.[1])

Die der Veranlagung zu Grunde zu legende namentliche Nachweisung der Steuerpflichtigen wird für die Klassen II, III und IV durch die Steuerausschüsse festgestellt.[2]) Dem Vorsitzenden steht das Recht der Berufung an die Bezirksregierung zu.[3]) Er hat von der Ausübung dieses Rechts dem Steuerausschusse Mittheilung zu machen, auch dessen Erklärung darüber zu erfordern und der Berufungsschrift beizufügen.

Gegen die Entscheidung der Bezirksregierung steht nur[4]) dem Steuerausschusse binnen zehntägiger Ausschlußfrist nach erfolgter Mittheilung an die Mitglieder die Beschwerde an den Finanzminister zu.

1) Zu vgl. A. Art. 34—36.

2a) Durch die Feststellung der namentlichen Nachweisung wird die Steuergesellschaft, vorbehaltlich der Entscheidung über etwaige Berufungen des Vorsitzenden, konstituirt.

2b) Zur Feststellung der namentlichen Nachweisung wird der Steuerausschuß berufen:

in Klasse II in den letzten Tagen des Monats Januar, spätestens bis zum 3. Februar,

in Klasse III nicht vor dem vierten Tage nach dem Sitzungstermine der Klasse II und spätestens bis zum 12. Februar,

in Klasse IV nicht vor dem vierten Tage nach dem Sitzungstermine der Klasse III und spätestens bis zum 20. Februar.

2c) Der Steuerausschuß ist nicht befugt, solche Gewerbetreibende, welche

a) von dem Vorsitzenden des Steuerausschusses der Klasse I zur Veranlagung in dieser Klasse bereits übernommen sind, oder

b) von dem Steuerausschusse einer oberen Klasse in die bereits festgestellte namentliche Nachweisung aufgenommen sind,

in die namentliche Nachweisung einer unteren Klasse aufzunehmen.

Andererseits ist der Steuerausschuß verpflichtet, solche Gewerbetreibende in die Nachweisung aufzunehmen bezw. der nächst niederen Klasse zu überweisen, welche ihm ausweislich der Veränderungsnachweisung von dem Steuerausschusse der höheren Klasse überwiesen sind. Art. 35 Ziffer 4 d. A.

3) So lange die Entscheidung der Regierung nicht ergangen ist, darf die Aufnahme eines von der Berufung Betroffenen weder in der betr. Klasse noch in einer niederen erfolgen. Derartige Gewerbetreibende sind

nöthigenfalls im Zugangswege zu veranlagen. Art. 35 Ziffer 5 d. A.

4) Durch das Wort „nur“ soll nicht etwa ausgedrückt werden, daß dem **Vorsitzenden** das Recht der Beschwerde an den Finanzminister nicht zusteht; dies ist selbstverständlich, da dem Kommissar kein Beschwerderecht über die Entscheidung der vorgesetzten Behörde eingeräumt sein kann. Das Wort „nur“ will vielmehr andeuten, daß nicht etwa der **einzelne Steuerpflichtige** und ebensowenig das **einzelne** Mitglied des Steuerausschusses, sondern allein die Mehrheit der Mitglieder des Steuerausschusses die Entscheidung der Bezirksregierung durch Beschwerde an den Finanzminister anfechten kann. Dem Steuerpflichtigen selbst stehen nur die Rechtsmittel aus § 35 ff. zu Gebote. Er erfährt überhaupt nichts von der Feststellung der namentlichen Nachweisung, erst das definitive Ergebniß der Veranlagung wird ihm bekannt gemacht. Dagegen ist dem Steuerausschusse die seinen Beschluß abändernde Entscheidung der Regierung gemäß Art. 36 Ziffer 3 d. A. mitzutheilen. Die zehntägige Frist läuft von dem auf die Bekanntmachung (bezw. bei Bekanntmachung durch Umlauf, von dem auf die zuletzt bewirkte Zustellung) folgenden Tage ab. Die Beschwerde ist beim Vorsitzenden des Steuerausschusses schriftlich anzubringen. A. a. O.

§ 30.

Berufungsrecht des Vorsitzenden in Klasse I.

Gegen die Veranlagungsbeschlüsse [1]) des Steuerausschusses der Klasse I steht dem Vorsitzenden die Berufung [2]) an die Bezirksregierung am Sitz des Steuerausschusses zu. Dem Steuerausschuß ist davon Mittheilung zu machen und Gelegenheit zu geben, den angefochtenen Beschluß zu begründen.[3])[4])

1a) Eine Feststellung der namentlichen Nachweisung in dem Sinne, wie sie in den Klassen II bis IV nöthig ist, um die Steuergesellschaften zu konstituiren, findet in Klasse I nicht statt, da die Steuerpflichtigen dieser Klasse keine Steuergesellschaft bilden, sondern unmittelbar und einzeln mit dem ihnen zukommenden Steuersatze durch den Steuerausschuß veranlagt werden. Der Steuerausschuß kann deshalb bis zum Abschlusse des Veranlagungsgeschäfts durch Feststellung der Gewerbesteuerrolle, äußerstenfalls selbst bis zur Zustellung der Steuerzuschrift an den Steuerpflichtigen, auf Anregung seines Vorsitzenden oder seiner Mitglieder einzelne Gewerbetreibende in Klasse I aufnehmen oder aus derselben entlassen und einer niederen Klasse zuweisen. Art. 31 II d. A.

1b) Ueber die Veranlagungsbeschlüsse des Steuerausschusses der Klasse I vgl. Art. 32 d. A.

2) Zu vgl. A. Art. 33.

3) Die Einlegung der Berufung ist zwar nur insofern an eine Frist gebunden, als sie nach Zustellung der Steuerzuschrift nicht mehr zulässig ist. Der Vorsitzende des Steuerausschusses hat sich jedoch über die Fälle, in denen er Berufung einlegen will, in der Regel schon in der Sitzung dem Steuerausschusse gegenüber zu erklären und den Mitgliedern des letzteren zur Begründung des angefochtenen Beschlusses Gelegenheit zu geben. Legt er erst später oder gegen einen schriftlich herbeigeführten Beschluß Berufung ein, so hat er unter Beifügung einer kurzen Rechtfertigung derselben den Mitgliedern des Steuerausschusses sofort Mittheilung zu machen und ihnen die Begründung des angefochtenen Beschlusses anheimzustellen. Art. 33 Ziffer 2 d. A.

4) Für den Steuerpflichtigen selbst ist es natürlich ohne Belang, ob das ihm bekannte Ergebniß der Ver-

anlagung auf einer im Berufungswege herbeigeführten Entscheidung oder unmittelbar auf Beschluß des Steuerausschusses beruht; in jedem Falle stehen ihm die Rechtsmittel aus §§ 35 ff. gleichmäßig zu Gebote. Begründung der Reg.Vorl. S. 52.

§ 31.

Gewerbesteuerrolle.[1])

Die aus den Steuerlisten der einzelnen Steuerklassen zusammenzustellenden Gewerbesteuerrollen für die Erhebungsbezirke[2]) werden von der Bezirksregierung festgesetzt.[3]) Dieselbe ist befugt, Rechnungsfehler zu berichtigen. Die Gewerbesteuerrolle ist zur Einsicht der Steuerpflichtigen des Veranlagungsbezirkes während einer Woche öffentlich auszulegen.[4]) Diese Auslegung ist eine Woche vorher bekannt zu machen.[5])

1a) Die beiden ersten Sätze dieses Paragraphen haben mit der Umwandlung der Gewerbesteuer in eine Kommunalsteuer theilweise ihre Anwendbarkeit verloren.

1b) Es steht nichts im Wege, dem Ersuchen der Handelskammern, soweit sich dasselbe auf die Mittheilung der Gesammtsumme der einzelnen Gewerbesteuerklassen, der Zahl und Namen (Firmen) der einzelnen Steuerpflichtigen und der denselben auferlegten Steuersätze beschränkt, durch Ertheilung von Abschriften der Gewerbesteuerrollen, bezw. Auszügen aus denselben, gegen Kostenerstattung zu entsprechen. FME. v. 18. Juli 1893, Mitth.H. 29 S. 38. Siehe auch FME. v. 6. Mai 1894, Mitth.H. 30 S. 53 und FME. v. 30. April 1898, Mitth.H. 35 S. 62.

2) Die Gewerbesteuerrolle ist für jede Gemeinde zu bilden. Art. 39 Ziffer 1' d. A. Siehe Anm. 3.

3) Eine Festsetzung durch die Bezirksregierung findet nicht mehr statt. Die Vorsitzenden der Steuerausschüsse fertigen sofort nach beendeter Veranlagung aus der namentlichen Nachweisung für die Gemeinden, in welchen die veranlagten Betriebe ihren Sitz haben, getrennte Auszüge (Steuerlisten) und die Vorsitzenden der Steuerausschüsse der Klassen I, II u. III senden diese Steuerlisten in den ersten 8 Tagen des März an die für die betreffenden Gemeinden zuständigen Vorsitzenden des Steuerausschusses der Klasse IV, welche dieselben verbinden und die so hergestellte Rolle bis spätestens 25. März aufgerechnet, abgeschlossen und vollzogen der Gemeinde zufertigen. Art. 39 Ziffer 2 u. 3 d. A.

4) Die Gemeindevorstände haben die Rollen während einer Woche des Monats April öffentlich auszulegen. Die Einsicht ist nur den Steuerpflichtigen des Veranlagungsbezirks gestattet. A. Art. 40 Ziffer 2 u. 3.

5) Vgl. Komm.Ber. S. 23.

§ 32.

Benachrichtigung des Steuerpflichtigen.

Das Ergebniß der Veranlagung hat der Vorsitzende des Steuerausschusses jedem Steuerpflichtigen mittelst einer, zugleich eine Belehrung über die Rechtsmittel enthaltenden Zuschrift bekannt zu machen.[1])

Auf die von dem Vorsitzenden des Steuerausschusses zu bewirkenden Zustellungen an Steuerpflichtige finden die Bestimmungen im § 53 des Einkommensteuergesetzes Anwendung.[2])

1) Die Bekanntmachung an den Steuerpflichtigen muß bis spätestens den 15. April erfolgen. Art. 40 d. A.

2) Vgl. auch Art. 71 d. A. zum Einkommensteuergesetz v. 5. Aug. 1891. Die Zustellungen sind danach durch einen öffentlichen Beamten unter Bescheinigung der Behändigung auszuführen. Die Post kann um die Bewirkung der Zustellung ersucht werden. In beiden Fällen gilt die Zustellung für vollzogen, auch wenn die Annahme verweigert wird. Wenn Wohnsitz und Aufenthalt eines Steuerpflichtigen unbekannt sind, kann die Zustellung durch Anheftung des zuzustellenden Schriftstücks an der zu Aushängen in der Gemeinde bestimmten Stelle erfolgen und gilt die Zustellung für vollzogen, wenn seit der Anheftung zwei Wochen verstrichen sind. Auf die Gültigkeit der Zustellung hat es keinen Einfluß, wenn das Schriftstück von dem Orte der Anheftung zu früh entfernt wird. Die außerhalb Preußens zu bewirkenden Zustellungen können mittelst eingeschriebener Briefe erfolgen und gilt die Zustellung mit der Aufgabe zur Post für vollzogen.

§ 33.

Begrenzung der Steuerpflicht.[1])

Die Steuerpflicht beginnt mit dem Anfange des auf die Eröffnung des Betriebes folgenden Kalendervierteljahres[2]) und dauert bis zum Ende desjenigen Kalendervierteljahres, in welchem das Gewerbe abgemeldet wird.[3]) Erfolgt die Abmeldung in demselben Vierteljahr, in welchem der Betrieb begann, so ist der Gewerbetreibende für ein Vierteljahr steuerpflichtig. Zeitweilige durch die Natur des Gewerbes bedingte Unterbrechung[4]) befreit nicht von der Steuerverpflichtung für die Zwischenzeit bis

zur Wiederaufnahme des Betriebes im Laufe desselben oder des nächstfolgenden Jahres.

1) Zu vgl. Art. 13 u. 47 d. A.

2a) Nach den früheren Vorschriften begann die Steuerpflicht mit dem ersten Tage des Monats, in welchem das Gewerbe angefangen wird, und dauerte bis zum letzten Tage des Monats, in welchem das Gewerbe aufgegeben wird, vorausgesetzt, daß vor dem achten Tage des nächstfolgenden Monats Abmeldung erfolgte.

Die hier getroffene Vorschrift entspricht der durch § 39 des Gesetzes angeordneten Hebung der Steuer in Vierteljahrsbeträgen.

2b) Nach der klaren Fassung des § 33 des Gewerbesteuergesetzes beginnt die Steuerpflicht mit dem Anfang des auf die Eröffnung des Betriebs folgenden Kalendervierteljahrs. Die Zugangstellung des am 1. April begonnenen Gewerbebetriebs darf also erst vom 1. Juli ab erfolgen. FME. v. 11. Nov. 1893, Mitth.H. 29 S. 33.

2c) Da die Gewerbesteuerpflicht erst mit dem Anfange des auf die Betriebseröffnung folgenden Kalendervierteljahrs beginnt, so werden diejenigen Personen, welche im vierten Vierteljahr ein neues betriebssteuerpflichtiges Gewerbe eröffnen, in dem betreffenden Steuerjahr nicht mehr gewerbesteuerpflichtig, und kann ihnen daher auch kein Betriebssteuersatz auferlegt werden, welcher die Veranlagung zu einer der vier Gewerbesteuerklassen zur Voraussetzung hat. FME. v. 17. April 1894, Mitth.H. 30 S. 55.

3a) Maßgebend ist also, wie früher, die Abmeldung, natürlich unter der Voraussetzung, daß die Aufgabe des Gewerbes thatsächlich erfolgt.

3b) Erfolgt die Abmeldung in dem ersten Monate des auf die Betriebsbeendigung folgenden oder eines späteren Vierteljahres, so ist der Vorsitzende des Steuerausschusses befugt, die Steuer vom Beginne des Vierteljahres, in welchem die Abmeldung stattfindet, selbständig in Abgang zu stellen. In anderen Fällen einer verspäteten Abmeldung ist eine frühere Abgangstellung nur mit Ermächtigung der Regierung zulässig. (Art. 13 Nr. 1 Abs. 2 u. 3 d. A.). Für das Vierteljahr, in welchem das Gewerbe eingestellt ist, bleibt die Steuerpflicht bestehen. Art. 47 II d. A.

4) Hier sind die sogenannten „ruhenden Gewerbe" gemeint, wie z. B. diejenigen der Bauhandwerker, der Gastwirthe in Brunnen- und Badeorten. Werden solche Gewerbe abgemeldet, so ist dem Gewerbetreibenden von dem Vorsitzenden des zuständigen Steuerausschusses zu eröffnen, daß, wenn er im Laufe desselben oder des nächstfolgenden Steuerjahres sein Gewerbe wieder beginnen sollte, die Steuer nur als gestundet anzusehen und für den Zeitraum seit der Abmeldung bis zum Wiederbeginn nachzuzahlen sei. A. Art. 28 Ziffer 6.

§ 34.

Zugang im Laufe des Jahres.[1])

Gewerbetreibende, welche nach Beginn der jährlichen Veranlagung[2]) einen Betrieb anfangen, sind durch den Vorsitzenden des Steuerausschusses der Klasse IV nach der Höhe des muthmaßlichen Ertrages beziehungsweise Anlage- und Betriebskapitals der entsprechenden Steuerklasse zuzuweisen.[3]) Dieselben werden in Klasse II bis IV mit dem Mittelsatze (§ 14), in Klasse I, vorbehaltlich der Feststellung des Steuersatzes durch den Steuerausschuß bei dem Zusammentreten desselben, vorläufig mit dem vom Vorsitzenden bestimmten Steuersatze[4]) in Zugang gestellt.

Die Feststellung durch den Steuerausschuß der Klasse I hat — auch wenn sie erst im nächstfolgenden Steuerjahre stattfindet — die Wirkung, daß der Steuerpflichtige zur Nachentrichtung[5]) des infolge der vorläufigen Bestimmung des Steuersatzes durch den Vorsitzenden zu wenig Gezahlten verbunden ist und ein zuviel gezahlter Betrag erstattet wird.

Die Bekanntmachung an den Steuerpflichtigen erfolgt nach Vorschrift des § 32.

Den Steuerpflichtigen der Klasse I stehen gegen die Festsetzung des Steuerausschusses die Rechtsmittel nach Maßgabe der §§ 35 ff. offen. Die Steuerpflichtigen der Klasse II, III, IV können dieselben Rechtsmittel nur[6]) wegen vermeintlich unrichtiger Bestimmung der Steuerklasse einlegen.

1) Vgl. A. Art. 46 ff.

2) D. i. in Klasse I nach erfolgter Aufstellung der Steuerliste, für die Klassen II—IV nach erfolgter Feststellung der namentlichen Nachweisung. Vgl. Anm. 1a zu § 30 des Ges.

3) Damit ist nicht ausgeschlossen, daß der Vorsitzende des Steuerausschusses derjenigen Klasse, in welche die Ueberweisung zunächst erfolgt, auf Grund genauerer Feststellungen den Betrieb einer anderen Klasse, auch der Klasse IV, zuweisen kann.

4) Gegen die vorläufige Feststellung des Vorsitzenden hat der Steuerpflichtige der Klasse I kein Rechtsmittel; erst gegen die definitive Festsetzung des Steuerausschusses

stehen ihm sowohl gegen Klassifikation als auch gegen die Höhe des Steuersatzes die Rechtsmittel aus §§ 35 ff. zu. Begründung des Entwurfs S. 54.

5) Modifikation des § 6 des Ges. vom 18. Juni 1840, Gesetz-Samml. S. 140.

6) Also nicht gegen die Höhe des Steuersatzes, welcher nach Abs. 1 dieses Paragraphen für die Zugänger im Laufe des Jahres immer auf den Mittelsatz der Klasse zu bemessen ist.

Rechtsmittel.

§ 35.

Gegen das Ergebniß der Veranlagung[1]) steht dem Steuerpflichtigen[2]) das Rechtsmittel des Einspruchs bei dem Steuerausschusse zu. Dasselbe ist bei dem Vorsitzenden des Ausschusses binnen einer Ausschlußfrist von 4 Wochen[3]) einzulegen, welche von dem auf die Zustellung der Steuerzuschrift (§§ 32 und 34) folgenden Tage ab läuft.[4])[5])[6])

1a) Im Wege der Rechtsmittel kann sowohl die Steuerpflicht überhaupt, als die Bestimmung der Steuerklasse, des Ortes der Veranlagung und die Höhe des Steuersatzes angefochten werden. A. Art. 42 Ziffer 2.

1b) Auch wegen zu niedriger Veranlagung ist dem Steuerpfl. das Rechtsmittel gegeben. FME. v. 26. April 1893, Mitth.H. 29 S. 39.

1c) Zu Unrecht als steuerpflichtig veranlagte Gewerbe sind, sobald ein nach Maßgabe der Bestimmungen in den §§ 3, 4 und 5 des Gewerbesteuergesetzes und § 28 des Kommunalabgabengesetzes begründeter Anspruch auf Steuerfreiheit, wenn auch nach Ablauf der Frist für Einlegung des Rechtsmittels dargethan und anerkannt wird, alsbald von der Steuer zu befreien und in Abgang zu stellen. A. Art. 42 Ziffer 2.

2) Dem **Vorsitzenden** des **Steuerausschusses** ist eine Anfechtung der **Veranlagung** nur in Klasse I gegeben. Vgl. § 30 des Gesetzes. In den übrigen Klassen steht ihm nur das Rechtsmittel der Berufung gegen die Entscheidung des Steuerausschusses **über den Einspruch** zu. Ueber die Anfechtung der **Feststellung der namentlichen Nachweisungen** seitens des Vorsitzenden des Steuerausschusses zu vergleichen § 29 des Ges.

3) Vier Wochen = 28 Tagen. Vgl. Entsch. d. OVG. v. 27. Sept. 1894, Entsch. i. St. Bd. III S. 215. A. Art. 42 Ziffer 3.

4) Fällt das Ende der Frist auf einen Sonntag oder allgemeinen Feiertag (1. u. 2. Feiertag der drei christlichen Feste Weihnachten, Ostern und Pfingsten, Charfreitag, Neujahrstag, Buß- und Bettag und Himmelfahrtstag), so endigt dieselbe mit dem Ablaufe des nächstfolgenden Werktages. A. Art. 42 Ziffer 3.

5) Wird ein Rechtsmittel bei einer nicht zuständigen Behörde angebracht, so hat diese die bezüglichen Schriftstücke unverzüglich an die zuständige Stelle zu befördern, ohne daß dem Steuerpflichtigen die Zwischenzeit auf die Frist anzurechnen ist. A. Art. 42 Ziffer 4.

6) Die Wiedereinsetzung in den vorigen Stand gegen die Versäumniß von Ausschlußfristen ist dem Gewerbesteuergesetze fremd. Entsch. d. OVG. v. 10. Juli 1897, Entsch. i. St. Bd. VI S. 373.

§ 36.

Gegen die Entscheidung des Steuerausschusses über den Einspruch steht sowohl dem Vorsitzenden als dem Steuerpflichtigen binnen der im § 35 bestimmten Ausschlußfrist das Rechtsmittel der Berufung an die Bezirksregierung (§§ 29 und 30)[1]) zu. Der Steuerpflichtige hat das Rechtsmittel beim Vorsitzenden des Steuerausschusses einzulegen.

Für den Vorsitzenden läuft diese Frist vom Tage der Entscheidung.[2])

1a) Hinsichtlich der Klasse I an die Bezirksregierung am Sitze des Steuerausschusses. Vgl. Anm. 1 zu § 12 des Gesetzes.

1b) Die Mitglieder der Steuerausschüsse sind nicht berechtigt, in dem Berufungsverfahren irgend eine amtliche Thätigkeit auszuüben. Entsch. d. OVG. v. 20. Dez. 1894, Entsch. i. St. Bd. III S. 352.

1c) Die Thätigkeit des Steuerausschusses ist mit dem Erlasse des Einspruchsbescheides abgeschlossen; die in dem weiteren Rechtsmittelverfahren etwa erfolgenden Aeußerungen desselben dürfen nicht berücksichtigt werden. Entsch. d. OVG. v. 20. Dez. 1894, Entsch. i. St. Bd. III S. 354.

1d) Reformatio in pejus ist für alle Rechtsmittelentscheidungen ausgeschlossen. Entsch. d. OVG. v. 5. Okt. 1895, Entsch. i. St. Bd. IV S. 373.

2) Für den Steuerpflichtigen von dem auf die Zustellung der Einspruchsentscheidung folgenden Tage ab. Art. 42 Ziffer 3 Absatz 1 d. A.

§ 37.

Gegen die Entscheidung über die Berufung[1]) steht dem Steuerpflichtigen die Beschwerde an das Oberverwaltungsgericht[2]) zu, welche innerhalb der im § 35 bestimmten Ausschlußfrist bei der Bezirksregierung (§§ 29 und 30)[3]) einzulegen ist, und nur darauf gestützt werden kann:

1. daß die angefochtene Entscheidung auf der Nichtanwendung oder auf der unrichtigen Anwendung des bestehenden Rechts, insbesondere auch der von den Behörden innerhalb ihrer Zuständigkeit erlassenen Verordnungen beruhe;

2. daß das Verfahren an wesentlichen Mängeln leide.

In der Beschwerde ist anzugeben, worin die behauptete Nichtanwendung oder unrichtige Anwendung des bestehenden Rechts, oder worin die behaupteten Mängel des Verfahrens gefunden werden.

Die Bestimmungen in §§ 45 bis 49[4]) des Einkommensteuergesetzes finden sinngemäße Anwendung.

1) Und zwar sowohl über die Berufung des Steuerpflichtigen als über diejenige des Vorsitzenden des Steuerausschusses.

2) Die Regierungsvorlage hatte beabsichtigt, als oberste Rechtsmittelinstanz für die Gewerbesteuer ebenso wie für die Einkommensteuer einen „Steuergerichtshof" zu bilden, der aus den vom Könige zu ernennenden Vorsitzenden und Mitgliedern bestehen sollte, welche letztere aus der Zahl der Direktoren und Räthe des Finanzministeriums und aus der Zahl der Mitglieder des Oberverwaltungsgerichts und des Kammergerichts entnommen werden sollten. Ebenso wie für die Einkommensteuer setzte das Abgeordnetenhaus an die Stelle dieser neuen Behörde auch für die Gewerbesteuer das Oberverwaltungsgericht.

3) Vgl. Anm. 1a zu § 36.

4a) §§ 45 bis 49 des Einkommensteuergesetzes lauten, soweit sie hier interessiren:

§ 45. Der Vorsitzende der Berufungskommission überreicht die bei ihm eingegangene Beschwerde des Steuerpflichtigen mit seiner Gegenerklärung, soweit er solche für erforderlich erachtet, dem Oberverwaltungsgericht.

§ 46. Das Oberverwaltungsgericht erläßt seine Entscheidungen in nicht öffentlicher Sitzung, der Regel nach ohne vorherige mündliche Anhörung des Steuerpflichtigen.

Es kann jedoch dem Steuerpflichtigen von Amtswegen oder auf Antrag Gelegenheit zur persönlichen Verhandlung über den Gegenstand der Beschwerde gewähren.

Bei seiner Entscheidung ist es an diejenigen Gründe nicht gebunden, welche zur Rechtfertigung der gestellten Anträge geltend gemacht worden sind.

§ 47. Erachtet das Oberverwaltungsgericht die Beschwerde für begründet, so kann es die Angelegenheit zur anderweiten Entscheidung an die Berufungskommission zurückgeben oder selbst die Steuerfestsetzung berichtigen. Im ersteren Falle sind die von dem Gerichtshofe über die Auslegung und Anwendung der gesetzlichen Vorschriften gegebenen Weisungen zu befolgen.

§ 48. Ueber Beschwerden, welche das Verfahren des Vorsitzenden der Berufungskommission aus Anlaß der nach § 44 eingereichten Beschwerden betreffen, beschließt das Oberverwaltungsgericht.

§ 49. Im Uebrigen finden auf das Verfahren zum Zwecke der Entscheidung über die Beschwerden die über das Verwaltungsstreitverfahren auf Klagen vor dem Oberverwaltungsgerichte bestehenden gesetzlichen Bestimmungen, insbesondere diejenigen des Gesetzes über die allgemeine Landesverwaltung vom 30. Juli 1883 (Gesetz-Samml. S. 195), des Gesetzes, betreffend die Verfassung der Verwaltungsgerichte ꝛc., vom $\frac{\text{3. Juli 1875}}{\text{2. Aug. 1880}}$ (Gesetz-Samml. 1880 S. 328) und des Gesetzes zur Abänderung des § 29 des letzteren vom 27. Mai 1888 (Gesetz-Samml. S. 226) mit der Maßgabe sinngemäße Anwendung, daß die Erhebung eines Pauschquantums auch dann stattfindet, wenn die Entscheidung ohne vorgängige mündliche Verhandlung erfolgt ist, und daß ein Anspruch auf Ersatz der Anwaltsgebühren nicht stattfindet.

4b) Bestimmungen über die Verrechnung und Einziehung der von dem Königlichen Oberverwaltungsgerichte in Gewerbesteuerbeschwerdesachen festgesetzten Kosten und baaren Auslagen v. 4. Dez. 1894 siehe Mitth. H. 30 S. 54.

§ 38.

Vertheilung des Steuersatzes auf mehrere Kommunalbezirke.[1])

Erstreckt sich ein Gewerbebetrieb über mehrere Kommunalbezirke und wird[2]) für die Zwecke der kommunalen Besteuerung oder kommunaler Wahlen die Zerlegung des Steuersatzes in die auf die einzelnen Betriebsorte[3]) entfallenden Theilbeträge erforderlich, so ist diese von dem veranlagenden Steuerausschusse zu bewirken.[4])[5])

Der Beschluß ist sowohl den betheiligten Kommunen als dem Steuerpflichtigen zuzustellen.

Denselben[6]) steht binnen einer Ausschlußfrist von vier Wochen die Berufung[7]) an die Bezirksregierung (§§ 29 und 30)[8]) und gegen die Berufungsentscheidung in gleicher Frist die Beschwerde an das Oberverwaltungsgericht zu.[9])

1) Hierzu vgl. § 32 des Kommunalabgabengesetzes: „Erstreckt sich ein Gewerbebetrieb über mehrere Gemeindebezirke, so hat für den Fall der Erhebung von Prozenten der veranlagten Gewerbesteuer der zuständige Steuerausschuß auch für im § 28 Nr. 2—6 bezeichneten Betriebe die Zerlegung des Gesammtsteuersatzes in die auf die einzelnen Gemeinden entfallenden Theilbeträge zu bewirken."

Die in § 28 Nr. 2—6 bezeichneten Betriebe sind folgende:

2) die landwirthschaftlichen Branntweinbrennereien;

3) der Bergbau;
4) die gewerbsmäßige Gewinnung von Bernstein, Ausbeutung von Torfstichen, von Sand-, Kies-, Lehm-, Mergel-, Thon- und dergleichen Gruben, von Stein-, Schiefer-, Kalk-, Kreide- und dergleichen Brüchen;
5) die Gewerbebetriebe kommunaler und anderer öffentlicher Verbände;
6) die Gewerbebetriebe des Staates und der Reichsbank.

2) Die Zerlegung des Steuersatzes ist beschränkt auf die Fälle, wo sie für die Zwecke der kommunalen Besteuerung oder kommunaler Wahlen erforderlich ist. Entsch. d. OVG. v. 25. Okt. 1894, Entsch. i. St. Bd. III S. 307.

3a) Betriebsort ist der Ort, an welchem das Gewerbe betrieben oder ein stehender Betrieb unterhalten wird, oder der Betrieb stattfindet. Die Frage, ob an einem Orte das Vorhandensein eines Theil- oder Zweigbetriebes anzunehmen ist, muß nach den für den allgemeinen Gewerbebegriff maßgebenden Voraussetzungen und den konkreten Verhältnissen entschieden werden. Entsch. d. OVG. v. 18. April 1895, Entsch. i. St. Bd. IV S. 343.

3b) Ein Betriebsort ist nur da vorhanden, wo das Gewerbe fortgesetzt und dauernd ausgeübt wird, und nicht dort, wo nur eine einmalige oder vorübergehende Thätigkeit stattfindet. Betriebsort eines Chaussee-Unternehmers ist in der Regel nicht eine Gemeinde, in welcher nur eine oder auch mehrere Chausseen ausgeführt werden, sich aber der Sitz der Geschäftsleitung nicht befindet. Entsch. d. OVG. v. 31. Okt. 1895, Entsch. i. St. Bd. IV S. 382.

3c) Betriebsort eines Gas- und Wasserwerks ist jede Gemeinde, die von demselben gegen Entgelt fortgesetzt und dauernd mit Gas und Wasser versorgt wird.

Entsch. d. OVG. v. 17. Okt. 1895, Entsch. i. St. Bd. IV S. 384.

3d) Ein Betriebsort ist nicht vorhanden, wenn die daselbst entwickelte Thätigkeit nur aus zufälliger Veranlassung, nicht aber in der Absicht der Wiederholung und der Gewinnerzielung unternommen ist. Entsch. d. OVG. v. 28. Okt. 1897, Entsch. i. St. Bd. VI S. 433.

3e) Der Ort, an welchem sich der Sitz der Geschäftsleitung befindet, ist stets Betriebsort. Entsch. d. OVG. v. 31. Okt. 1895, Entsch. i. St. Bd. IV S. 389.

3f) Der Betrieb einer Straßenbahn vollzieht sich auch in denjenigen Gemeinden, in denen nur Geleise derselben vorhanden sind. Entsch. d. OVG. v. 21. Febr. 1895, Entsch. i. St. Bd. IV S. 301.

3g) Die Begründung eines reinen, lediglich zur Unterbringung der auf dem Transport begriffenen Waaren bestimmten Speditionslagers begründet für den Ort, an dem es sich befindet, ohne Hinzutreten weiterer, auf einen örtlichen Betrieb hindeutender Umstände, noch nicht die Eigenschaft eines Betriebsorts. Entsch. d. OVG. v. 18. April 1895, Entsch. i. St. Bd. IV S. 303.

3h) Handlungsreisende, welche für die Firma, in deren Diensten sie stehen, Waaren aufkaufen und Bestellungen aufsuchen, begründen nicht an einem bestimmten Orte, insbesondere auch nicht am Orte ihres Wohnsitzes, einen Gewerbebetrieb der Firma. Entsch. d. OVG. v. 25. Nov. 1897, Entsch. i. St. Bd. VI S. 430.

3i) Inwiefern ein sogen. „Bierführer" als Vertreter das Gewerbe der betr. Brauerei und kein eigenes betreibt, siehe Entsch. d. OVG. v. 14. Okt. 1897, Entsch. i. St. Bd. VI S. 429.

3k) Ist ein Versicherungsagent Beamter seiner Gesellschaft, so ist der Ort seines Sitzes „Betriebsort" der Gesellschaft. Entsch. d. OVG. v. 18. April 1895,

Entsch. i. St. Bd. IV S. 343. Siehe auch Entsch. d. OVG. v. 11. Okt. 1894, Entsch. i. St. Bd. III S. 239, v. 29. Febr. 1896, Entsch. i. St. Bd. V S. 404.

4a) Die Zerlegung ist von Amtswegen und zwar regelmäßig im unmittelbaren Anschluß an die Veranlagung, bezw. sofort nach der Zugangsstellung zu bewirken. A. Art. 53 Ziffer 1.

4b) Erfährt der veranlagte Gewerbesteuersatz im Wege der Rechtsmittel oder in Folge einer Neuveranlagung eine Aenderung, so hat der Steuerausschuß von Amtswegen, ohne irgendwie an frühere Zerlegungen gebunden zu sein, eine erneute Vertheilung des Steuersatzes vorzunehmen. Entsch. d. OVG. v. 11. Nov. 1897, Entsch. i. St. Bd. VI S. 416. Art. 53 Ziffer 6 d. A.

5a) Die Vertheilung des Steuersatzes ist nach Maßgabe des Ertrages und, falls in dem maßgebenden Zeitabschnitte ein solcher nicht erzielt ist, nach Maßgabe des Anlage- und Betriebskapitals vorzunehmen. Hierbei ist in der Weise zu verfahren, daß zunächst unter analoger Anwendung der im Art. 19 d. A. (vgl. Anm. 5 zu § 21 des Ges.) gegebenen Grundsätze festzustellen ist, wie sich der Ertrag bezw. das Betriebs- und Anlagekapital auf die betheiligten Gemeinden vertheilt. Nach dem so gefundenen Verhältnisse ist der Steuersatz zu zerlegen, wobei jedoch Bruchtheile in volle Markbeträge abzurunden sind. Art. 53 Ziffer 2 d. A.

5b) Die Zerlegung des Steuersatzes hat stets nach dem Ertrage zu erfolgen, wenn der Gewerbebetrieb eines Steuerpflichtigen einen Ertrag aufweist, gleichviel ob und an wie vielen der einzelnen Betriebsorte mit Verlust gearbeitet worden ist. Nur wenn das Gesammtgeschäft keinen Ertrag oder Verlust ergeben hat, soll die Vertheilung nach Maßgabe des Anlage- und Betriebskapitals erfolgen. FME. v. 17. Dez. 1895, Mitth.H. 33 S. 50. Siehe auch Entsch. d. OVG. v. 31. Jan. 1895,

Entsch. i. St. Bd. III S. 422. Ueber die Vertheilung speziell nach Maßgabe des Anlage- und Betriebskapitals zu vgl. Entsch. d. OVG. v. 16. Sept. und 11. Nov. 1897, Entsch. i. St. Bd. VI S. 376 u. 377.

5c) Ueber Berücksichtigung des Einflusses der Geschäftsleitung vgl. auch Entsch. d. OVG. v. 17. Febr. 1898 und v. 17. Jan. 1898, Entsch. i. St. Bd. VI S. 449 u. 451.

5d) Bei Zerlegung des Steuersatzes ist die Berücksichtigung des Einflusses der Geschäftsleitung als vornehmlich für die Gewinnerzielung entscheidendes Merkmal grundsätzlich nicht ausgeschlossen und eine Bevorzugung der Gemeinde, in welcher sich der Sitz der Geschäftsleitung befindet, aus diesem Grunde nicht unzulässig. Entsch. d. OVG. v. 21. Febr. 1895, Entsch. i. St. Bd. IV S. 297.

5e) Bei einem einheitlichen, über mehrere Kommunalbezirke sich erstreckenden Gewerbebetriebe ist die Zerlegung nach Maßgabe des Verhältnisses der für die Gewinnerzielung vornehmlich entscheidenden Merkmale zu bewirken. Welche Merkmale anzuwenden sind, ist im einzelnen Falle nach den konkreten Umständen zu entscheiden. Dies können z. B. die an den einzelnen Betriebsorten gezahlten Löhne oder die erwachsenen Betriebskosten sein. Entsch. d. OVG. v. 21. Febr. 1895, Entsch. i. St. Bd. IV S. 291 u. 294.

6a) Sowohl den Kommunen als dem Steuerpflichtigen, nicht aber dem Vorsitzenden des Steuerausschusses.

6b) Den Gemeinden, welche durch die stattgehabte Veranlagung verkürzt zu sein glauben, ist ein Rechtsmittel gegen die Veranlagung überhaupt nicht gegeben. Entsch. d. OVG. v. 16. Dez. 1895, Entsch. i. St. Bd. IV S. 392.

7) „Einspruch" ist in diesem Falle nicht zugelassen.

8a) Vgl. Anm. 1a zu § 12.

8b) Wenn gegen den Beschluß des Steuerausschusses über die Zerlegung des Steuersatzes von einem oder mehreren Betheiligten Berufung eingelegt und die Berufung für begründet erachtet wird, so hat die Regierung zugleich mit der Entscheidung über die Berufung die hierdurch bedingte anderweite Zerlegung des Steuersatzes zu bewirken und den sämmtlichen Betheiligten mitzutheilen. FME. v. 28. Dez. 1893, Mitth.H. 29 S. 37. Siehe auch Entsch. d. OVG. v. 3. Febr. 1898, Entsch. i. St. Bd. VI S. 448.

8c) Die Zerlegungsgrundlagen sind den Gemeinden thunlichst mitzutheilen. FME. v. 15. Dez. 1896, Mitth.H. 34 S. 35.

8d) Für das Zerlegungsverfahren ist reformatio in pejus ausgeschlossen. Die von einer Kommune allein eingelegte Berufung darf daher im ungünstigsten Falle nur zurückgewiesen werden. Entsch. d. OVG. v. 21. Febr. 1895, Entsch. i. St. Bd. IV S. 291. Diejenigen betheiligten Gemeinden, welche Berufung nicht eingelegt haben, sind im Berufungsverfahren vor Abänderung der auf sie entfallenden Theilbeträge zu hören. Entsch. d. OVG. v. 21. Febr. 1895, Entsch. i. St. Bd. IV S. 294.

8e) Wird hinsichtlich der Zerlegung des Steuersatzes von zwei Seiten Berufung eingelegt, so ist die Anwendung der Grundsätze über Unzulässigkeit einer reformatio in pejus zu Gunsten eines Berufers ausgeschlossen. Entsch. d. OVG. v. 11. Nov. 1897, Entsch. i. St. Bd. VI S. 418.

9) Die quantitative Ausführung der Zerlegung eines Steuersatzes gehört wesentlich dem thatsächlichen Gebiete an und ist insoweit der Anfechtung durch die Beschwerde entzogen. Entsch. d. OVG. v. 17. Jan. 1895, Entsch. i. St. Bd. III S. 406.

Steuererhebung.

§ 39.

Die Steuer ist in vierteljährlichen Beträgen in der ersten Hälfte des zweiten Monats eines jeden Vierteljahres an die vom Finanzminister als zuständig bezeichnete Stelle abzuführen.[1]) Vorausbezahlungen bis zum Jahresbetrage sind zulässig.

1) Die Hebung und Beitreibung der für die Zeit nach dem 1. April 1895 veranlagten Gewerbesteuer liegt derjenigen Gemeinde ob, welche nach den Bestimmungen des Kommunalabgabengesetzes zum Bezuge des entsprechenden Steueraufkommens berechtigt ist. § 11 Abs. 1 des Ges. wegen Aufhebung direkter Staatssteuern vom 14. Juli 1893.

§ 40.

Die Zahlung der veranlagten Steuer wird durch die Einlegung von Rechtsmitteln nicht aufgehalten, muß vielmehr, mit Vorbehalt[1]) späterer Erstattung, in den vorgeschriebenen Fristen erfolgen.

1) Dieser Vorbehalt ist selbstverständlich und braucht nicht besonders in den Rechtsmittelschriften zum Ausdruck gebracht werden.

§ 41.

Wird ein Gewerbebetrieb von einer anderen Person unverändert[1]) fortgesetzt (z. B. im Falle der Vererbung, Verpachtung, Veräußerung), so ist die veranlagte Steuer bis zum Ablauf des Steuerjahres fortzuentrichten und findet nur eine Umschreibung des Namens statt.[2])

Der Verpächter eines Gewerbes haftet für die Jahressteuer[3]) solidarisch mit dem Pächter desselben.

1 a) Unter einer „unveränderten" Fortsetzung ist Fortsetzung ohne „wesentliche" Veränderung zu verstehen. A. Art. 14.

1 b) Bezieht sich die angemeldete Uebernahme und Fortsetzung eines Gewerbebetriebes nicht auf den gesammten Gewerbebetrieb des bisherigen Inhabers, sondern nur auf einen Theil (z. B. eins von mehreren neben einander betriebenen Gewerben, einen einzelnen stehenden Betrieb), so bleibt die Besteuerung des bisherigen Steuerpflichtigen für das laufende Jahr ohne Aenderung bestehen und der Anmeldende ist als Zugänger nach § 34 des Gesetzes zu behandeln, falls er nicht auch seinerseits bereits zur Gewerbesteuer veranlagt ist. Im letzteren Falle wird an der beiderseitigen Steuer für das laufende Jahr überhaupt nichts geändert. Art. 27 Ziffer 5 d. A.

2 a) Für das Vierteljahr, in welchem der Personenwechsel erfolgt, kann die Steuer nur einmal und zwar zunächst von dem Abgehenden eingezogen werden. Hat bei eingetretenem Personenwechsel der ausscheidende Gewerbetreibende die Abmeldung unterlassen, so ist er neben seinem Nachfolger zur Fortentrichtung der Steuer verpflichtet. Die Regierung ist jedoch ermächtigt, die Steuer von dem Beginne des auf den Personenwechsel folgenden Vierteljahres ab in Abgang stellen zu lassen, wenn der Nachfolger die Steuer entrichtet hat. (§ 58 Abs. 2 des Ges.) Art. 14 d. A.

2 b) Dem Steuerpflichtigen stehen gegen die Umschreibung der Steuer die allgemein gegebenen Rechtsmittel des Einspruchs, der Berufung und der Beschwerde zu. Entsch. d. OVG. v. 28. Nov. 1895, Entsch. i. St. Bd. IV. S. 437.

2c) Bei derartigen Anmeldungen der Uebernahme und Fortsetzung eines bereits besteuerten Gewerbebetriebes hat der Vorsitzende des Steuerausschusses sich zu vergewissern, ob auch die entsprechende Abmeldung seitens des bisherigen Geschäftsinhabers erfolgt ist und nöthigenfalls dessen Erklärung hierüber zu erfordern. A. Art. 27 Ziffer 4.

3) Nur für die laufende Jahressteuer; für die übrigen gesetzlichen Verbindlichkeiten kann nur der Pächter in Anspruch genommen werden. A. Art. 12 Ziffer 3.

§ 42.

Bei Verlegung des Betriebsortes oder des Sitzes der Geschäftsleitung, beziehungsweise des Wohnortes des Gewerbetreibenden tritt die erforderliche Uebertragung der Steuer für den Rest des Jahres ohne neue Veranlagung ein.[1])

1) Vgl. Art. 27 Ziffer 7 u. Art. 48 Ziffer 5 d. A. Nach der früheren Gesetzgebung wurde, wenn der Gewerbetreibende den Betrieb in einen anderen Rollenbezirk verlegte, die Steuer am Abzugsorte in Abgang und am Anzugsorte der Mittelsatz in Zugang gestellt.

§ 43.

Im Uebrigen wird das Verfahren bei Zu- und Abgängen durch Bestimmung des Finanzministers geregelt.[1])

1) Zu vergleichen A. Art. 48.

Ermäßigung im Laufe des Steuerjahres.[1])

§ 44.

Wird ein Betrieb durch Tod oder Krankheit des Inhabers, Brandunglück, Ueberschwemmung oder sonstige Ereignisse[2]) wesentlich geschädigt, so kann die Steuer für die folgenden Vierteljahre ermäßigt oder erlassen werden.[3])

Die Entscheidung trifft die Bezirksregierung und auf Beschwerde der Finanzminister.[4])

1) Vom 1. April 1895 ab ist die Befugniß zum Erlaß oder zur Ermäßigung der Gewerbesteuer auf die Gemeinden übergegangen. § 11 Abs. 2 des Ges. wegen Aufhebung direkter Staatssteuern. Die Vorsitzenden der Steuerausschüsse haben daher etwaige Erlaß- bezw. Ermäßigungsanträge an die Vorstände der zum Bezuge der betreffenden Steuerbeträge berechtigten Gemeinden abzugeben. Art. 49 d. A.

2) Nach den angeführten Beispielen sind unter „sonstige Ereignisse" Naturereignisse in Betreff der „Subjekte und Objekte" zu verstehen.

3) Einen „Rechtsanspruch" auf Ermäßigung oder Erlaß hat der Steuerpflichtige auf Grund dieses Paragraphen nicht.

4) Diese Bestimmung ist außer Kraft getreten, vgl. Anm. 1.

§ 45.

Veranlagte Gewerbesteuerbeträge können in einzelnen Fällen niedergeschlagen werden,[1]) wenn deren zwangsweise Beitreibung die Steuerpflichtigen in ihrer wirthschaftlichen Existenz gefährden, oder wenn das Beitreibungsverfahren voraussichtlich ohne Erfolg sein würde.

1) Die Befugniß hierzu ist vom 1. April 1895 ab auf die Gemeinde übergegangen. § 11 Abs. 2 des Ges. wegen Aufhebung direkter Staatssteuern.

Bildung und Geschäftsführung der Steuerausschüsse.

§ 46.

Die Wahl der Mitglieder der Steuerausschüsse und einer gleichen Anzahl Stellvertreter [1]) findet alle drei Jahre [2]) statt. Die Wahlen erfolgen nach relativer Stimmenmehrheit. Das Wahlverfahren wird für die Steuerklassen II bis IV [3]) durch Bestimmung des Finanzministers geregelt.

1) Die Stellvertreter werden nicht für bestimmte Mitglieder gewählt, sondern treten der Reihe nach für ausscheidende oder behinderte Mitglieder ein. Art. 22 Ziffer 3 d. A. Ersatzwahlen finden nur in den in Ziffer 4 d. Art. 21 Litt. A d. A. vorgesehenen Fällen statt. Vgl. auch Ziffer 6 Litt. B daselbst.

2) Vgl. § 15 Abs. 1 des Ges.

3) Jeder Abgeordnete und Stellvertreter ist in der Regel in einer besonderen Wahlhandlung zu wählen. Der Vorsitzende kann jedoch aus besonderen Gründen, insbesondere mit Rücksicht auf die Zahl der erschienenen Wähler anordnen, daß eine Mehrheit von Abgeordneten oder Stellvertretern in einer Wahlhandlung gewählt wird. Die Vereinigung der Wahl von Abgeordneten und Stellvertretern in derselben Wahlhandlung ist unzulässig. Die Abstimmung erfolgt mittelst Abgabe von Stimmzetteln, auf welchen der Name des zu Wählenden bezw. die Namen der zu Wählenden verzeichnet sind. Als gewählt gelten derjenige bezw. diejenigen, welche die meisten abgegebenen Stimmen erhalten haben. Bei Stimmengleichheit entscheidet das durch die Hand des leitenden Regierungskommissars zu ziehende Loos. Während der Wahl ist jede über den Rahmen der Geschäftsordnung hinausgehende Erörterung unzulässig, je-

doch ist den Wählern zu gestatten, vor jedem einzelnen Wahlgange Kandidaten unter Beschränkung auf die Namhaftmachung derselben in Vorschlag zu bringen. Bei Uebereinstimmung aller Wähler ist die Wahl durch Akklamation gestattet. Vgl. Anl. II zur A. Art 21 B Nr. 3.

§ 47.

Wählbar sind nur solche männliche Mitglieder der betreffenden Klasse, welche das fünfundzwanzigste Lebensjahr vollendet haben und sich im Besitze der bürgerlichen Ehrenrechte befinden.

Von mehreren Inhabern eines Geschäfts ist nur Einer wählbar und zur Ausübung der Wahlbefugniß zu verstatten. Aktien- und ähnliche Gesellschaften üben die Wahlbefugniß durch einen von dem geschäftsführenden Vorstande zu bezeichnenden Beauftragten aus; wählbar ist von den Mitgliedern des geschäftsführenden Vorstandes nur Eines. Minderjährige und Frauen können die Wahlbefugniß durch Bevollmächtigte ausüben, wählbar sind letztere nicht.

Niemand darf mehr als eine Stimme abgeben; die Uebertragung des Stimmrechts ist unzuläßig. Die Wahl darf nur aus den im § 8 der Kreisordnung vom 13. Dezember 1872 (Gesetz-Samml. S. 661) angegebenen Gründen[1]) abgelehnt werden.[2]) Ueber die Zuläßigkeit der Ablehnung entscheidet der Vorsitzende des Steuerausschusses.[3])

1) Diese Gründe sind:

1. anhaltende Krankheit;

2. Geschäfte, die eine häufige oder lange dauernde Abwesenheit vom Wohnorte mit sich bringen;
3. das Alter von 60 Jahren;
4. die Verwaltung eines unmittelbaren Staatsamtes;
5. sonstige besondere Verhältnisse, welche eine gültige Entschuldigung begründen.

2) Eine unbegründete Ablehnung ist als Weigerung im Sinne des §48 anzusehen, insofern dadurch der Steuerausschuß selbst unter Heranziehung der Vertreter beschlußunfähig wird. Vgl. Begründung des Entw. S. 57. Der § 25 der Kr.O. v. 13. Dez. 1872 ist hier nicht anwendbar gemacht, d. h. also Strafe oder Rechtsnachtheile treffen den unbegründet Ablehnenden, bezw. seine Mitwirkung Verweigernden nicht.

3) Gegen die Entscheidung des Vorsitzenden ist Beschwerde im Instanzenzuge zulässig. Vgl. § 76 des Ges.

§ 48.

Wird die Wahl der Abgeordneten und Stellvertreter seitens einer Steuergesellschaft[1]) verweigert oder nicht ordnungsmäßig bewirkt, oder verweigern die Gewählten die ordnungsmäßige Mitwirkung,[2]) so gehen die dem Steuerausschusse zustehenden Befugnisse für das betreffende Steuerjahr[3]) auf den Vorsitzenden über.

1) Der Paragraph bezieht sich nicht auf Klasse I, weil für diese eine Steuergesellschaft nicht gebildet wird.

2) Vgl. A. Art. 21 B Ziffer 5 Abs. 3. Siehe auch Anm. 5c zu § 15 des Ges.

3) Vor Beginn des nächsten Steuerjahres ist alsdann der Steuergesellschaft durch Ladung der Wähler von neuem Gelegenheit zur Vornahme der Wahl von Abgeordneten zu geben. Art. 21 B Ziffer 5 Abs. 2 d. A.

§ 49.

Die Mitglieder der Steuerausschüsse und deren Stellvertreter haben dem Vorsitzenden mittelst Handschlags an Eidesstatt zu geloben, daß sie bei den Ausschußverhandlungen ohne Ansehen der Person, nach bestem Wissen und Gewissen verfahren und die Verhandlungen, sowie die hierbei zu ihrer Kenntniß gelangenden Verhältnisse der Steuerpflichtigen strengstens geheim gehalten werden.[1])

Das gleiche Gelöbniß haben vor einem Kommissar der Bezirksregierung diejenigen Vorsitzenden abzulegen, welche nicht schon als Beamte beeidigt sind.

Die bei der Steuerveranlagung betheiligten Beamten sind zur Geheimhaltung der Ausschußverhandlungen sowie der zu ihrer Kenntniß gelangenden Verhältnisse der Steuerpflichtigen kraft des von ihnen geleisteten Amtseides verpflichtet.[2])

1) Die in den Steuerausschuß neu eintretenden Mitglieder und Stellvertreter sind in der ersten Sitzung, an welcher sie theilnehmen, zu verpflichten. Einer Wiederholung dieser Verpflichtung im Falle der Wiederwahl oder Wiederernennung bedarf es nicht. A. Art. 22 Ziffer 11.

2) Strafvorschrift für Vorsitzende und Mitglieder der Steuerausschüsse siehe im § 72 des Ges.

§ 50.

So lange über die Veranlagung oder den Einspruch eines Ausschußmitgliedes oder seiner Verwandten oder Verschwägerten in auf- und absteigender Linie oder bis zum dritten Grade[1]) der Seitenlinien berathen und abgestimmt wird, hat dasselbe abzutreten. Der Vorsitzende hat in gleichem Falle den Vorsitz an ein Mitglied abzugeben.

1) Vgl. ALR. I. Thl. 1. Titel § 45: Die Grade der Verwandtschaft werden durch die Zahl der Geburten bestimmt, mittelst welcher zwei verwandte Personen auf einen gemeinschaftlichen Ursprung sich beziehen.

§ 51.

Die Bestimmung des Artikels I, Ib und II der Verordnung, betreffend die Tagegelder und Reisekosten u. s. w. vom 20. Dezember 1876 (Gesetz-Samml. 1877 S. 3) findet auf die Mitglieder der Steuerausschüsse entsprechende Anwendung.[1]) [2])

Die Gebühren für Zeugen und Sachverständige (§ 26) werden nach den in Civilprozessen zur Anwendung kommenden Vorschriften berechnet.[3])

1) Hierzu bestimmt das Gesetz v. 22. April 1892, betreffend die Deklaration der Vorschriften § 72 Abs. 1 des Einkommensteuergesetzes u. s. w. (Gesetz-Samml. S. 93):

> Die Vorschriften . . . . . . des § 51 Abs. 1 des Gewerbesteuergesetzes v. 24. Juni 1891 (Gesetz-Samml. S. 205) werden dahin deklarirt, daß die daselbst vorgesehenen Sätze der Tagegelder und Reisekosten im Wege der Königlichen Verordnung gemäß § 12 des Gesetzes, betreffend die Reisekosten und Tagegelder der Staatsbeamten, vom 24. März 1873 / 15. April 1876 geändert oder neu bestimmt werden können.

Durch Königliche Verordnung vom 4. Juli 1892 (Gesetz-Samml. S. 201) ist sodann bestimmt worden, daß erhalten:

A. Tagegelder:

a) . . . . . .
b) die Mitglieder der Steuerausschüsse für die Gewerbesteuerklassen I, II und III 9 Mark,
c) die Mitglieder . . . der Steuerausschüsse für die Gewerbesteuerklasse IV 5 Mark.

B. Reisekosten:

I. bei Reisen, welche auf Eisenbahnen oder Dampfschiffen gemacht werden können:
   1. die Mitglieder der Steuerausschüsse für die Gewerbesteuerklassen I, II und III 13 Pfennige für das Kilometer und 3 Mark für jeden Zu- und Abgang;
   2. die Mitglieder der Steuerausschüsse für die Gewerbesteuerklasse IV 10 Pfennige für das Kilometer und 2 Mark für jeden Zu- und Abgang;

II. bei Reisen, welche nicht auf Eisenbahnen oder Dampfschiffen zurückgelegt werden können:
   die Mitglieder der Steuerausschüsse aller Gewerbesteuerklassen 40 Pfennige für das Kilometer.

Die Bestimmungen der Verordnung v. 4. Juli 1892 sind unverändert auch nach dem Inkrafttreten des Gesetzes v. 21. Juni 1897 in Kraft geblieben. Vgl. FME. v. 12. Jan. 1898, II 167.

2) Für Geschäfte am Wohnorte werden weder Tagegelder noch Reisekosten gezahlt. Dasselbe gilt von Geschäften außerhalb des Wohnorts in geringerer Entfernung als 2 Kilometer von demselben. Nöthigen jedoch außergewöhnliche Umstände zur Benutzung eines

Fuhrwerks, oder sind sonstige nothwendige Unkosten, wie Brücken- und Fährgeld aufzuwenden, so werden die Auslagen erstattet. Bei Berechnung der Entfernungen wird jedes angefangene Kilometer für ein volles gerechnet. Bei Reisen von nicht weniger als 2 Kilometer, aber unter 8 Kilometer, sind die Fuhrkosten für 8 Kilometer zu gewähren. Vgl. § 12 Abs. 5, 6 u. 7 der Verordnung, betreffend die Tagegelder und Reisekosten der Staatsbeamten vom 15. April 1876 (Gesetz-Samml. S. 107).

3) Zu vgl. Gebührenordnung für Zeugen und Sachverständige v. 30. Juni 1878 (Gesetz-Samml. S. 173).

An- und Abmeldung des Gewerbes.

§ 52.

Wer den Betrieb eines stehenden Gewerbes anfängt,[1]) muß der Gemeindebehörde des Ortes, wo solches geschieht, vorher oder gleichzeitig Anzeige davon machen.[2])

Dieser Verpflichtung wird, soweit nicht im Folgenden etwas Anderes bestimmt ist, durch die nach Vorschrift der Gewerbeordnung für das Deutsche Reich (§ 14) zu machende Anzeige genügt.[3])

In der Stadt Berlin ist die vorgeschriebene Anzeige bei der Direktion für die Verwaltung der direkten Steuern[4]) zu bewirken.

1) Dieselbe Verpflichtung trifft auch denjenigen, welcher:

a) das Gewerbe eines Anderen übernimmt und fortsetzt,

b) neben seinem bisherigen Gewerbe oder an Stelle desselben ein anderes Gewerbe anfängt.

Gewerbetreibende, welche an mehreren Orten in Preußen einen stehenden Betrieb unterhalten, haben an jedem Orte, wo solches geschieht, den Anfang des einzelnen Betriebes anzumelden. A. Art. 25 Ziffer 1.

2) Strafvorschrift siehe in § 70 des Ges.

3) Diejenigen Gewerbetreibenden, welche wie z. B. Apotheker, Auswanderungs- oder Versicherungsunternehmer 2c. zur Anzeige nach § 14 der RGO. nicht verpflichtet sind, weil ihr Gewerbebetrieb den Vorschriften der RGO. nicht unterliegt, haben trotzdem die hier vorgeschriebene Anzeige bei der Gemeindebehörde zu erstatten.

4) In Berlin befreit die Anzeige nach § 14 d. RGO. nicht von der besonderen Anzeige bei der Direktion für die Verwaltung der direkten Steuern. A. Art. 25 Ziffer 2 Abs. 2.

§ 53.

Die Vorstände der Gemeinden (Gutsbezirke) sind verpflichtet, von allen bei ihnen eingehenden Gewerbeanmeldungen in der von der Bezirksregierung anzuordnenden Frist[1]) der ihnen bezeichneten Veranlagungsstelle Mittheilung zu machen, auch nach Anstellung der erforderlichen Erkundigungen[2]) über die Steuerpflichtigkeit, beziehungsweise darüber, in welcher Klasse die Besteuerung zu erfolgen hat, sich gutachtlich zu äußern.

1) A. Art. 26 Ziffer 6 bestimmt: Die von den Regierungen anzuordnende Frist wird im allgemeinen auf eine oder zwei Wochen in großen gewerbereichen Gemeinden, auf einen Monat in kleineren Gemeinden zu bestimmen sein.

2) Vgl. § 54 des Ges., Art. 26 Ziffer 4 d. A.

§ 54.

Jeder[1]) Gewerbetreibende ist verpflichtet,[2]) auf Aufforderung des Gemeindevorstandes oder des Vorsitzenden des zuständigen Steuerausschusses, innerhalb der zu bestimmenden, mindestens einwöchentlichen Frist schriftlich zu erklären,

welches oder welche Gewerbe er treibt oder zu treiben beginnt,

welche Betriebsstätten er unterhält,

welche Gattungen und wie viele Hülfspersonen, Gehülfen und Arbeiter

und

welche Gattung und wie viele Maschinen einschließlich der Motoren im Gewerbebetriebe verwendet werden.

Auch andere auf die äußerlich erkennbaren Merkmale des Betriebes gerichtete Fragen ist der Gewerbetreibende wahrheitsgemäß zu beantworten verpflichtet.

1) Auch derjenige Gewerbetreibende, der ein nach § 7 des Ges. nicht steuerpflichtiges Gewerbe betreibt. A. Art. 51 Ziffer 1 Abs. 4.

2) Strafvorschrift vgl. in § 71 Ziffer 1 des Ges.

§ 55.

Auf besondere Aufforderung des Vorsitzenden eines zuständigen Steuerausschusses des Veranlagungsbezirks ist jeder[1]) Gewerbetreibende verpflichtet,[2]) in verschlossenem Schreiben oder mündlich zu Protokoll zu erklären, ob der jährliche Ertrag[3]) seines Gewerbebetriebes

1 500 bis ausschließlich 4 000 Mark,
oder 4 000 bis ausschließlich 20 000 „
oder 20 000 bis ausschließlich 50 000 „
oder 50 000 Mark oder mehr beträgt,

und ob der Werth des Anlage- und Betriebskapitals

3 000 bis ausschließlich 30 000 Mark,
oder 30 000 bis ausschließlich 150 000 „
oder 150 000 bis ausschließlich 1 000 000 „
oder 1 000 000 Mark oder mehr beträgt.

Solche Erklärungen sind geheim aufzubewahren.

Weitergehende Auskunftsertheilung über die Höhe des Ertrages, sowie den Werth des Anlage- und Betriebskapitals ist der Gewerbetreibende abzulehnen berechtigt. Die im Vorstehenden vorgeschriebene Auskunft über die Höhe des Anlage- und Betriebskapitals zu ertheilen, sind auch diejenigen verpflichtet, welche einen Betrieb neu beginnen.

Dem Steuerpflichtigen ist auf seinen Antrag,[4]) in Fällen, in welchen es sich um einen nur durch Schätzung zu ermittelnden Ertrag handelt, gestattet, statt der im Absatz 1 erwähnten Erklärung diejenigen Nachweisungen zu geben, deren der Steuerausschuß zur Schätzung des Ertrages bedarf.

1) Auch derjenige Gewerbetreibende, der ein nach § 7 des Ges. nicht steuerpflichtiges Gewerbe betreibt. A. Art. 51 Ziffer 1 Abs. 4.

2) Vgl. die Strafvorschrift in § 71 des Ges. Ziffer 1.

3) Gewerbetreibende, welche ein Gewerbe neu beginnen, können nur hinsichtlich des Anlage- und Betriebskapitals zur Abgabe einer Erklärung aufgefordert werden. A. Art. 29 Ziffer 6a.

4) Vgl. die analoge Vorschrift des § 27 des Einkommensteuergesetzes und die Begründung der Reg.Vorl. zu diesem Ges. S. 56. Die Vorschriften im Art. 53 der Ausführungsanw. v. 5. Aug. 1891 zum Einkommensteuergesetze finden sinngemäße Anwendung, jedoch kann die Frist für die Beibringung der Nachweisungen auf eine Woche abgekürzt werden. A. Art. 29 Ziffer 6b.

§ 56.

Die nach den §§ 52 bis 55 den Gewerbetreibenden obliegenden Verpflichtungen sind:

1. für Personen, welche unter väterlicher Gewalt, Pflegschaft oder Vormundschaft stehen, von deren Vertretern,
2. für Gewerbebetriebe der Gesellschaften, Genossenschaften, juristischen Personen, Vereine u. s. w. von den in §§ 18 und 19 beziehungsweise § 2 Absatz 2[1]) bezeichneten Personen

zu erfüllen.[2])

1) Der § 2 hat in der Fassung des Gesetzes keinen Abs. 2; gemeint ist der Abs. 2 in der Fassung der Regierungsvorlage und soll die hier angeordnete Verpflichtung den Vertretern auswärtiger Unternehmungen, welche in Preußen Zweigniederlassungen u. s. w. haben, auferlegt werden.

2) Strafvorschrift vgl. in § 71 Abs. 1.

§ 57.[1])

Zum Zwecke der erstmaligen Veranlagung der Gewerbesteuer nach diesem Gesetze haben:

1. für die Orte der bisherigen ersten, zweiten und dritten Gewerbesteuerabtheilung die Gemeindevorstände, für die Orte der bisherigen vierten Gewerbesteuerabtheilung des Kreises die Landräthe ein Verzeichniß sämmtlicher daselbst vorhandener Gewerbebetriebe, welche nicht bereits in der letzten Gewerbesteuerrolle und den Zugangslisten des letzten Jahres aufgeführt sind, aufzustellen und mit gutachtlicher Aeußerung über deren Besteuerung der Bezirksregierung vorzulegen.
2. die Gewerbetreibenden, welche in mehreren Orten einen stehenden Betrieb unterhalten, haben in der durch öffentliche Aufforderung bestimmten Frist eine schriftliche Erklärung über Ort und Art der einzelnen Betriebe und über den Sitz der Geschäftsleitung an die in der Bekanntmachung bestimmten Stellen einzureichen.

In der Folgezeit eintretende Aenderungen des in der Erklärung angegebenen Zustandes sind dem Vorsitzenden des Steuerausschusses, von welchem die Steuer veranlagt wird, schriftlich anzuzeigen.

1) Uebergangsbestimmung, welche die erstmalige Veranlagung — vgl. § 82 des Ges. Abs. 1 — zu regeln beabsichtigt.

§ 58.

Das Aufhören eines steuerpflichtigen Gewerbes ist der Hebestelle, an welche die Steuer entrichtet wird — in der Stadt Berlin der Direktion für die Verwaltung der direkten Steuern daselbst —, schriftlich anzuzeigen.[1])

Die Bezirksregierung kann die Steuer vom Beginne des auf die Betriebsbeendigung folgenden Vierteljahres an in Abgang stellen lassen, wenn der Zeitpunkt der letzteren feststeht, namentlich im Falle des Todes des Steuerpflichtigen, sofern das Gewerbe von den Erben nicht fortgesetzt ist, im Falle der Konkurseröffnung und in ähnlichen Fällen einer unfreiwilligen Einstellung des Betriebes, sowie im Falle der Uebertragung des Gewerbes auf einen Anderen, wenn letzterer die Steuer fortentrichtet hat.[2])

1) Vom 1. April 1895 ab gilt die Vorschrift in § 10 des Gesetzes wegen Aufhebung direkter Staatssteuern vom 14. Juli 1893, welche bestimmt:

> Das Aufhören eines steuerpflichtigen Gewerbes ist nicht der Hebestelle (§ 58 Abs. 1 des Gewerbesteuergesetzes vom 24. Juni 1891), sondern dem Vorsitzenden des für die Veranlagung zuständigen Steuerausschusses anzuzeigen.

2) Vgl. Anm. 1b zu § 41 des Ges. u. Art. 14 d. A.

Betriebssteuer.[1])

§ 59.

Für den Betrieb der Gastwirthschaft, der Schankwirthschaft,[2]) sowie des Kleinhandels[3]) mit Brannt-

wein oder Spiritus ist jährlich eine besondere Betriebssteuer zu entrichten.[4])

1) Die Betriebssteuer ist durch § 1 Ziffer 2 des Gesetzes wegen Aufhebung direkter Staatssteuern v. 14. Juli 1893 vom 1. April 1895 ab gegenüber der Staatskasse außer Hebung gesetzt. Die Betriebssteuer fließt von da ab den Kreisen zu. § 13 a. a. O.

2a) Welche Betriebe unter den Begriff der Gastwirthschaft, Schankwirthschaft, des Kleinhandels mit Branntwein oder Spiritus fallen, bestimmt sich nach denselben Vorschriften und Grundsätzen, die in betreff der zu solchen Betrieben nach der Gewerbeordnung erforderlichen Erlaubniß zur Anwendung kommen. (§ 33 der RGO.). Als „Schankwirthschaft" gelten diejenigen gewerblichen Betriebe, in denen Getränke irgend welcher Art (Branntwein, Liqueure, Wein, Bier, Kaffee, Thee, Mineralwasser, Milch, Molken 2c.) zum Genusse auf der Stelle verabfolgt werden. A.f.B. Art. 1 Ziffer 3.

2b) Die Verabreichung von Mineralwassern, Molken u. s. w. in einem Bade erfolgt zwar behufs Genusses auf der Stelle, aber zu Heilzwecken und ist aus diesem Grunde nicht als Betrieb einer Schankwirthschaft zur Betriebssteuer heranzuziehen, so lange nicht etwa bezüglich der Konzessionspflicht des Betriebes entgegengesetzte Entscheidung getroffen werden sollte. FME. v. 26. Jan. 1897, Mitth.H. 35 S. 63.

3a) Für die Betriebssteuerpflicht des Kleinhandels mit Branntwein oder Spiritus ist es unerheblich, ob derselbe als Neben- oder Hauptgewerbe betrieben wird. A.f.B. Art. 1 Ziffer 3.

3b) Ueber den Begriff des Kleinhandels mit Branntwein siehe Erlaß des Min. d. J. v. 20. Nov. 1881. Danach gilt im Allgemeinen als Kleinhandel jeder Vertrieb von Branntwein, welcher anders als in hölzernen Gebinden von mindestens $^1/_2$ Anker ($17_{,175}$ Liter) erfolgt. Jedoch ist der Handel mit Branntweindestillaten, deren Vertrieb nach einem für die jedesmal in Frage kommende Gegend feststehenden Geschäftsgebrauche überhaupt nur in etiquettirten versiegelten Flaschen zu erfolgen pflegt, bei Abgabe solcher Flaschen und Gesammtquantitäten von jedesmal ½ Anker (17,175 Liter) als Kleinhandel nicht anzusehen. Für Schleswig-Holstein ist die Grenze zwischen Groß- und Kleinhandel auf 9 Liter festgesetzt.

3 c) Der Kleinhandel mit denaturiertem Spiritus ist nicht betriebssteuerpflichtig. FME. v. 1. April 1896, Mitth.H. 33 S. 56.

4) Die früher gleichfalls in der Gast- und Schankwirthschaftsklasse C besteuerten Gewerbe der Speisewirthschaft (ohne Ausschank von Getränken), des gewerbsmäßigen Vermiethens möblirter Zimmer und des Kleinhandels mit Wein oder Bier sind der Betriebssteuer nicht unterworfen. Vgl. A.f.B. Art. 1 Ziffer 3 Abs. 2.

§ 60.

Die Betriebssteuer beträgt für jeden, welcher eines oder mehrere dieser Gewerbe, allein oder in Verbindung mit anderen Gewerben, betreibt,

1. wenn er von der Gewerbesteuer wegen eines hinter der Grenze der Steuerpflicht zurückbleibenden Ertrages und Anlage- und Betriebskapitals befreit ist (§ 7), 10 Mark;
2. wenn er zur Gewerbesteuer veranlagt ist:
   a) in der Klasse IV . . . 15 Mark,
   b) in der Klasse III . . . 25 „
   c) in der Klasse II . . . 50 „
   d) in der Klasse I . . . 100 „

Die Steuer wird bei allen Betrieben, welche geistige Getränke[1]) verabfolgen, für jede Betriebsstätte[2]) besonders erhoben.

1) Hierher gehört stets der Kleinhandel mit Branntwein oder Spiritus. Ebenso gehören hierher alle Gast- und Schankwirthschaften, welche Wein, Bier, Branntwein (Rum, Cognac u. s. w.), Liqueure, Grog, Punsch oder sonstige alkoholhaltige Getränke verabfolgen.

Bei allen diesen Betrieben ist für jede Betriebsstätte, welche derselbe Gewerbetreibende unterhält bezw. errichtet, der volle Betriebssteuersatz zu entrichten, und zwar in demjenigen Kreise, in dem sich die Betriebsstätte befindet. Die bloße Geschäftsverlegung aus der einen in eine andere Betriebsstätte innerhalb desselben Kreises bedingt nicht eine nochmalige Forderung der Betriebssteuer für dasselbe Jahr. Das Gewerbe des von einem Truppentheile angenommenen Marketenders gilt, so lange er bei diesem Truppentheile verbleibt, als einheitlicher Betrieb mit einer Betriebsstätte, welche demjenigen Kreise zuzurechnen ist, in welchem der betreffende Truppentheil seine Garnison hat. Siehe auch Anm. 2 zu § 62. Diejenigen Betriebe, welche geistige Getränke nicht verabfolgen (Kaffee-, Thee-, Milch-, Molken-, Mineralwasser-Ausschank, Gastwirthschaft mit alleiniger Verabfolgung derartiger Getränke), haben in jedem Kreise, in welchem sich eine oder mehrere Betriebsstätten befinden, die Betriebssteuer nur einmal zu entrichten. Erstrecken sich derartige Betriebe über mehrere Kreise, so gelangt in jedem derselben nur die Hälfte der im § 60 Nr. 1 u. 2 des Gewerbesteuergesetzes bestimmten Steuersätze zur Erhebung. Siehe § 12 Ziffer 1 des Ges. wegen Aufhebung direkter Staatssteuern v. 14. Juli 1893.

Werden von demselben Unternehmer Betriebsstätten beider Arten (mit und ohne Ausschank geistiger Getränke) unterhalten, so findet neben der besonderen Erhebung der Betriebssteuer für jede Betriebsstätte, in welcher geistige Getränke verabfolgt werden, der einmalige Steueransatz für die übrigen Betriebsstätten statt. A.f.B. Art. 2.

2) Ein sogen. Kutscherausschank, der in dem besonderen Hinterhause eines Hotelgrundstücks sich befindet, ist nicht als besondere Betriebsstätte angesehen worden. FME. v. 6. Nov. 1897, Mitth.H. 35 S. 64.

§ 61.

Wenn die Heranziehung zur Betriebssteuer lediglich durch einen vorübergehenden,[1]) bei außergewöhnlichen Gelegenheiten (Festen, Truppenzusammenziehungen und dergleichen) stattfindenden Gewerbebetrieb bedingt ist, so kann[2]) die Bezirksregierung[3]) auf Antrag[4]) des Steuerpflichtigen den Betrag der Steuer bis auf den Satz von 5 Mark herabsetzen.[5])

1) Hierher gehört beispielsweise der Ausschank von Kaffee an Sonn- und Feiertagen an die von außerhalb zum Kirchenbesuch zureisenden Landleute. FME. v. 7. Okt. 1893, Mitth.H. 29 S. 43. Ebenso der Kaffeeausschank an einzelnen Markttagen im Laufe des Jahres. FME. v. 1. Dez. 1893, Mitth.H. 29 S. 43.

2) „Kann", nicht „muß". Bei Prüfung der bezüglichen Anträge ist vornehmlich zu berücksichtigen, ob der muthmaßliche Ertrag des vorübergehenden Betriebes zu dem vollen Steuersatze in einem unverkennbaren Mißverhältnisse stehen würde.

3) Die Befugniß zur Herabsetzung der Betriebssteuer ist vom 1. April 1895 ab auf die Betriebssteuer-Veranlagungsbehörden übergegangen. Vgl. Anm. 2 zu § 62 des Gesetzes und § 12 des Gesetzes wegen Aufhebung direkter Staatssteuern v. 14. Juli 1893.

4) Vgl. FME. v. 12. Nov. 1893, Mitth.H. 29 S. 42, welcher bestimmt:

> Im Interesse eines einfachen und schnellen Geschäftsganges ist es zwar erwünscht, wenn die Anträge auf Ermäßigung der Betriebssteuer (§ 61 des Gewerbesteuergesetzes) vor oder spätestens gleichzeitig mit dem Beginne des Betriebes gestellt werden; eine Zurückweisung derselben nur um deswillen, weil sie erst später gestellt worden sind, hat jedoch nicht stattzufinden.

Siehe auch A.f.B. Art. 4 Ziffer 5 u. 6.

5a) Der § 61 ist auch dann anwendbar, wenn der Steuerpflichtige bereits für eine andere dauernd unterhaltene Betriebsstätte der Betriebssteuer unterliegt. FME. v. 24. Aug. 1894, Mitth.H. 30 S. 57.

5b) Wer wegen eines ständigen Betriebes, in welchem geistige Getränke nicht verabfolgt werden, die Betriebssteuer entrichtet, kann wegen eines vorübergehenden Betriebes desselben Gewerbes bei außergewöhnlichen Gelegenheiten innerhalb desselben Kreises nicht noch einmal zur Betriebssteuer herangezogen werden. A.f.B. Art. 4 Ziffer 10.

5c) Wer bei einer zweiten oder ferneren außergewöhnlichen Gelegenheit in demselben Steuerjahr das Gewerbe vorübergehend betreiben will, hat hierfür in der Regel die Betriebssteuer ohne Rücksicht auf die in demselben Jahre bereits erfolgte Besteuerung zu entrichten. Der Antrag auf Ermäßigung ist von Neuem zu stellen. Weist jedoch der Steuerpflichtige nach, daß er in demselben Steuerjahre für einen gleichartigen Betrieb in derselben Betriebsstätte — oder falls es sich um einen Betrieb handelt, in welchem geistige Getränke nicht verabfolgt werden — in einer oder mehreren Betriebsstätten innerhalb des betreffenden Kreises bereits den vollen Jahresbetrag der Steuer entrichtet hat, so ist von einer nochmaligen Steuererhebung Abstand zu nehmen. A.f.B. Art. 4 Ziffer 9.

§ 62.

Die Feststellung der Betriebssteuer erfolgt von dem Vorsitzenden des Steuerausschusses[1]) für alle von dem letzteren zur Gewerbesteuer Veranlagten,[2]) welche ein der Betriebssteuer unterliegendes Gewerbe betreiben.

Der Vorsitzende des Steuerausschusses der Klasse IV hat außerdem die Betriebssteuer für alle im § 60 Nr. 1 bezeichneten Steuerpflichtigen des Veranlagungsbezirks festzustellen.

1) Vom 1. April 1895 ab wird die Betriebssteuer in den Landkreisen vom Landrath, in den Stadtkreisen vom Gemeindevorstande, in Berlin von der Direktion für die Verwaltung der direkten Steuern festgestellt. Vgl. § 12 Ziffer 2 des Ges. wegen Aufhebung direkter Staatssteuern v. 14. Juli 1893.

2) Das Gewerbe der bei solchen Truppentheilen, die außerhalb Preußens in Garnison stehen, angenommenen Marketender, wenn diese während eines Manövers oder dergl. ihr Gewerbe in Preußen ausüben wollen, ist bei derjenigen Betriebssteuer-Veranlagungsbehörde zur Betriebssteuer anzumelden, in deren Bezirk der betreffende Truppentheil das erste Kantonnementsquartier in Preußen bezieht. FME. v. 21. Jan. 1893, Mitth.H. 33 S. 54.

§ 63.

Der festgestellte Steuersatz ist einem jeden Steuerpflichtigen in Gemäßheit des § 32 bekannt zu machen.

Die Erhebung erfolgt nach Maßgabe des § 39.[1])

Die im § 61 bezeichneten Steuerpflichtigen haben den Betrag der Jahressteuer binnen vierzehn Tagen nach erfolgter Mittheilung an die ihnen bezeichnete Hebestelle in einer Summe zu entrichten.[2])

Nach fruchtloser Zwangsvollstreckung kann bis zur vollständigen Entrichtung des Rückstandes die fernere Ausübung des steuerpflichtigen Betriebes untersagt und die Einstellung desselben durch Schließung und Versiegelung der Geschäftsräume erzwungen werden.[3])

1) Vom 1. April 1895 ab ist die Betriebssteuer binnen zwei Wochen nach erfolgter Behändigung der Steuerzuschrift in einer Summe zu entrichten. § 12 des Ges. wegen Aufhebung direkter Staatssteuern Ziffer 3. Die Gutsbezirke und Gemeinden haben die Betriebssteuer von den Pflichtigen zu erheben und in den Landkreisen am Schlusse eines jeden Vierteljahres an die Kreiskommunalkasse abzuführen. Art. 8 d. A.f.B.

2) Nach § 12 Ziffer 3 Abs. 2 des Ges. wegen Aufhebung direkter Staatssteuern, haben vom 1. April 1895 ab die im § 61 des Ges. bezeichneten Steuerpflichtigen die Steuer vor Eröffnung des Betriebes zu entrichten, oder falls bis dahin die Steuerzuschrift noch nicht behändigt ist, einen von dem Gemeinde- (Guts-) Vorstande zu bestimmenden Geldbetrag bei der gleichzeitig zu bezeichnenden Kasse zur Deckung der Steuer zu hinterlegen, widrigenfalls ihnen die Ausübung des Betriebes nach Maßgabe des § 63 des Ges. untersagt werden kann.

3) Von dem Zwangsmittel der Gewerbslegung soll wesentlich nur dann Gebrauch gemacht werden, wenn begründeter Verdacht vorliegt, daß der Steuerpflichtige sich der Entrichtung der Betriebssteuer böswilliger Weise zu entziehen sucht. A.f.B. Art. 8 letzter Absatz.

§ 64.

Eine Erstattung der Betriebssteuer wegen Einstellung des Betriebes im Laufe des Steuerjahres findet nicht statt.[1])

1a) Da die Betriebssteuer eine Jahressteuer ist, so können Abgänge im Laufe des Steuerjahres durch Einstellung des Betriebes oder Gewerbslegung nicht entstehen. Ebensowenig findet bei der Fortsetzung eines betriebssteuerpflichtigen Betriebes durch einen Anderen eine Anrechnung bezw. Uebertragung der Steuer statt. Art. 7 II d. A.f.B. Siehe jedoch Anm. 1b.

1b) Wenn ein betriebssteuerpflichtiges Gewerbe nach dem Tode des Steuerpflichtigen von der Wittwe oder sonstigen Erben desselben unverändert fortgesetzt wird, so ist für das Steuerjahr, in welchem der Besitzwechsel eingetreten ist, die Betriebssteuer nur einmal — von dem Erblasser oder, falls dieser vor Entrichtung der Steuer verstorben ist, von der Wittwe bezw. von den Erben — zu erheben. FME. v. 10. Okt. 1893, Mitth.H. 29 S. 40 und v. 2. Aug. 1894, Mitth.H. 30 S. 56. Diese beiden Erlasse haben auch dann Anwendung zu finden, wenn nach vorheriger Aenderung der Konzession ein betriebssteuerpflichtiges Gewerbe von dem Namen des Ehemannes auf den der Ehefrau und umgekehrt umgeschrieben wird. FME. v. 9. Okt. 1894, Mitth.H. 30 S. 56.

Dagegen kann der Fall, daß ein betriebssteuerpflichtiges Gewerbe durch ein Rechtsgeschäft unter Lebenden von den Eltern auf die Kinder übertragen wird, nicht anders behandelt werden, als wenn der Uebergang sich zwischen Personen vollzieht, die nicht in diesem Verwandtschaftsverhältnisse stehen. FME. v. 30. Nov. 1894, Mitth.H. 30 S. 57.

1c) Geht ein betriebssteuerpflichtiges Gewerbe durch Kauf, Erbgang oder in sonstiger Weise mit dem Beginne des Steuerjahres in andere Hände über, so ist, auch wenn die Uebergabe erst am 1. April erfolgt, anzunehmen, daß der bisherige Geschäftsinhaber das Gewerbe in dem neuen Steuerjahr nicht mehr ausgeübt hat und ist demgemäß die für dieses Jahr auf ihn veranlagte Betriebssteuer in Abgang zu stellen. FME. v. 18. Aug. 1893, Mitth.H. 29 S. 40.

§ 65.

Ueber Beschwerden[1]) wegen Verpflichtung zur Entrichtung der Betriebssteuer oder wegen der Höhe derselben entscheidet die Bezirksregierung (§§ 29 und 30), und in weiterer Instanz[2]) der Finanzminister.[3]) Die Entscheidungen des letzteren sind endgültig.

Soweit durch die Entscheidungen, welche bezüglich der Gewerbesteuer im Wege der Rechtsmittel ergehen, Abänderungen der festgestellten Betriebssteuersätze bedingt werden, haben die Vorsitzenden der Steuerausschüsse[4]) die anderweite Feststellung zu bewirken.

1) Die Rechtsmittel aus § 35 ff. sind wegen der Betriebssteuer nicht gegeben, sondern nur die Beschwerde. Die Beschwerde ist binnen einer mit dem Tage nach der Zustellung der Steuerzuschrift beginnenden Ausschlußfrist von drei Monaten bei der Veranlagungsbehörde schriftlich oder zu Protokoll anzubringen. A.f.B. Art. 6 Ziffer 2.

2) Die weitere Beschwerde an den Finanzminister steht dem Steuerpflichtigen binnen einer vom Tage nach der Zustellung der Regierungsentscheidung ab laufenden sechswöchigen Ausschlußfrist offen. A.f.B. Art. 6 Ziffer 4.

3) Die Fristen zur Einlegung dieser Rechtsmittel sind Ausschlußfristen, deren Versäumung den Verlust der

Rechtsmittel zur Folge hat. Die dreimonatliche Frist endigt mit dem Ablauf desjenigen Tages des dritten Monats, welcher durch seine Zahl dem Tage entspricht, an welchem die Zustellung erfolgt ist; fehlt dieser Tag in dem dritten Monate, so endigt die Frist mit dem Ablauf des letzten Tages dieses Monats. Die sechswöchige Frist endigt mit dem Ablauf des zweiundvierzigsten Tages. Fällt das Ende der Frist auf einen Sonntag oder allgemeinen Feiertag, so endigt dieselbe mit dem Ablauf des nächstfolgenden Werktages. A.f.B. Art. 6 Ziffer 6.

4) Vom 1. April 1895 ab die in Anm. 1 zu § 62 benannten Behörden. § 12 Ziffer 2 Abs. 2 des Ges. wegen Aufhebung direkter Staatssteuern v. 14. Juli 1893.

§ 66.

Die zur Ertheilung der Erlaubniß für die im § 59 bezeichneten Betriebe oder für die Eröffnung einer neuen Betriebsstätte zuständigen Behörden [1]) haben von jeder Erlaubnißertheilung der ihnen bezeichneten Veranlagungsstelle Mittheilung zu machen.

1) Vgl. § 33 der RGO. und § 114 des Gesetzes über die Zuständigkeit der Verwaltungs- und Verwaltungsgerichtsbehörden v. 1. August 1883 (Gesetz-Samml. S. 237).

§ 67.

Weinbauer, welche selbstgewonnenen Most oder Wein im Polizeibezirke ihres Weingutes oder Wohnortes nicht über drei Monate [1]) lang zum Genusse auf der Stelle verkaufen, haben hierfür weder Gewerbe- noch Betriebssteuer zu entrichten. [2])

1) Die Ueberschreitung der Frist hat die Steuerpflicht vom Beginne des Betriebes zur Folge. A. Art. 8 I Ziffer 4 Abs. 2.

2) Der Kleinhandel mit Wein fällt hierunter nicht; er ist gewerbesteuerpflichtig, nach § 59 des Gesetzes aber betriebssteuerfrei. Vgl. Anm. 4 zu § 59 des Ges.

§ 68.

Behufs erstmaliger Erhebung der Betriebssteuer für das Steuerjahr 1893/94 haben für die Städte die Gemeindebehörden, für die Landgemeinden und Gutsbezirke des Kreises der Landrath eine Nachweisung aller daselbst vorhandenen, im § 59 bezeichneten Gewerbebetriebe unter Angabe der einzelnen Betriebsstätten und der Art des Betriebes aufzustellen und bis zum 1. Februar 1893 der Bezirksregierung vorzulegen.

Auf Anordnung der Bezirksregierung ist nach Bedürfniß auch in den folgenden Jahren die vorstehend vorgeschriebene Nachweisung von den genannten Behörden aufzustellen und vorzulegen.

§ 69.

Die Veranlagungsgrundsätze der §§ 18, 19 finden auf die Betriebssteuer Anwendung.

Wegen des jährlichen Zu- und Abganges wird das Erforderliche von dem Finanzminister geregelt.[1])

1a) Vgl. A.f.B. Art. 7.

1b) Die Bestimmungen des § 33 des Gewerbesteuergesetzes finden auf die Betriebssteuer keine Anwendung und folgeweise ist der Zeitpunkt der Abmeldung eines betriebssteuerpflichtigen Gewerbes für die Verpflichtung zur Entrichtung der Betriebssteuer nicht maßgebend. Die Betriebssteuerpflicht ist durch die Thatsache der Ausübung eines betriebssteuerpflichtigen Gewerbes in dem betreffenden Steuerjahre bedingt. Zur Betriebssteuer Veranlagte, welche nachweislich schon vor Beginn des Steuerjahres das betriebssteuerpflichtige Gewerbe eingestellt haben, sind daher nach Feststellung des Sachverhalts auch außerhalb des Beschwerdeverfahrens von Amtswegen in Abgang zu stellen. FME. v. 18. Aug. 1893, Mitth.H. 29 S. 40.

Strafbestimmungen.

§ 70.

Wer die gesetzliche Verpflichtung zur Anmeldung eines steuerpflichtigen[1]) Gewerbes innerhalb der vorgeschriebenen Frist[2]) nicht erfüllt,[3]) verfällt in eine dem doppelten Betrage der einjährigen Steuer gleiche Geldstrafe.[4]) Daneben ist die vorenthaltene Steuer zu entrichten.

Die Festsetzung der Nachsteuer steht der Regierung[5]) zu, gegen deren Entscheidung nur Beschwerde an den Finanzminister zulässig ist.[6])[7])

1) Strafbar nach diesem Paragraphen ist die Unterlassung oder Verspätung der Anmeldung nur dann, wenn die Anmeldung eine Besteuerung zur Folge gehabt hätte. A. Art. 51 Ziffer 1.

2) Das Gesetz schreibt diese Frist nicht vor, § 52 verlangt aber, daß die Anmeldung vor Beginn des Betriebes oder gleichzeitig erfolgen soll.

3) Enthält die strafbare Handlung zugleich eine Zuwiderhandlung gegen § 147 der RGO., so soll zwar

wegen der Uebertretung der Steuergesetze nicht außerdem auf eine Steuerstrafe erkannt werden, es ist aber bei Zumessung der Strafe darauf Rücksicht zu nehmen. Eine vorläufige Straffestsetzung durch die Regierung (siehe § 73) findet in diesem Falle nicht statt. A. Art. 51 Ziffer 1.

4) Strafverfahren vgl. in § 73.

5a) der „Bezirksregierung". Vgl. § 73 Abs. 6.

5b) Die Regierung hat die Befugniß, ermäßigte Nachsteuern festzusetzen und zwar auch im Falle der Abstandnahme von der Strafverfolgung und auch für die Zeit nach dem 1. April 1895. A. Art. 51 Ziffer 6. Die Nachsteuer kann auf denjenigen Betrag herabgesetzt werden, welcher der Bewandtniß des vorliegenden Falles und den Verhältnissen des Angeschuldigten nach pflichtmäßiger Ueberzeugung der Regierung entspricht. Bei klar vorliegender geflissentlicher Steuerumgehung sowie bei erwiesener sonstiger betrüglicher Absicht und in Wiederholungsfällen, wird die Milderung regelmäßig auszuschließen sein. Als Milderungsgründe kommen in Betracht: Guter Ruf des Angeschuldigten, offenes Geständniß, Gesetzesunkunde, mangelnde Absicht der Steuerhinterziehung, Geringfügigkeit des Betriebes, bedrängte Vermögensverhältnisse 2c. FME. v. 6. Nov. 1880, Mitth.H. 14 S. 60. Im Uebrigen siehe über die Festsetzung der Nachsteuer A. Art. 51 Ziffer 5.

5c) Die Befugniß der Regierung zur Festsetzung ermäßigter Nachsteuern findet auch auf die Betriebssteuer Anwendung. FME. v. 18. Okt. 1894, Mitth.H. 30 S. 57.

5d) Die Regierungen sind ermächtigt, die Nachsteuer in allen Fällen niederzuschlagen, in welchen bei der Fortsetzung des Gewerbebetriebes durch einen Andern die auf das Gewerbe veranlagte Gewerbe- und Betriebssteuer von dem früheren Betriebsinhaber stets gezahlt ist, der Nachfolger sich auch im Hinblick auf die anderweite Entrichtung der Steuer in dem Glauben befunden hat, daß eine Gewerbesteuercontravention nicht vorliege. FME. v. 30. Juni 1896, Mitth.H. 34 S. 37.

6) Die Beschwerde ist an keine Frist gebunden. A. Art. 51 Ziffer 5 letzter Absatz.

7) Vom 1. April 1895 ab ist zum Bezuge der Nachsteuer diejenige Gemeinde berechtigt, welcher nach den Bestimmungen des Kommunalabgabengesetzes das entsprechende Steueraufkommen zusteht. Vgl. § 9 des Ges. wegen Aufhebung directer Staatssteuern v. 14. Juli 1893. Die eingehenden Strafen und Kostenbeträge fließen aber auch nach dem 1. April 1895 der Staatskasse zu. § 14 Abs. 2 a. a. O.

§ 71.

Mit Geldstrafe bis zu dreihundert Mark wird bestraft:[1])

1.[2]) wer die nach den Bestimmungen der §§ 28, 54, 55 und 56 dieses Gesetzes ihm obliegende Verpflichtung nicht erfüllt; insbesondere auch wer die erforderte Erklärung, zu welcher er nach Vorschrift der §§ 54 bis 56 verpflichtet ist, wissentlich unvollständig oder unrichtig abgiebt;

2. wer dem nach § 25 Absatz 4 Zuständigen die Einsicht der gewerblichen Anlagen, Betriebsstätten oder Vorräthe verweigert.

1) Strafverfahren vgl. in § 73 des Ges.

2) Die im § 71 unter Ziffer 1 bezeichneten Zuwiderhandlungen unterliegen auch dann der Bestrafung, wenn das betreffende Gewerbe nach § 7 des Gesetzes nicht steuerpflichtig sein sollte. A. Art. 51 Ziffer 1 letzter Absatz.

§ 72.

Die bei der Steuerveranlagung betheiligten Beamten, sowie die Mitglieder der Steuerausschüsse und deren Stellvertreter werden, wenn sie die zu ihrer Kenntniß gelangten Erwerbs-, Vermögens- oder Einkommensverhältnisse oder die Geschäftsgeheimnisse eines Steuerpflichtigen, insbesondere auch den Inhalt der im § 55 bezeichneten Erklärungen oder der darüber gepflogenen Verhandlungen unbefugt offenbaren, mit Geldstrafe bis zu eintausendfünfhundert Mark oder mit Gefängniß bis zu drei Monaten bestraft.[1])

Die Strafverfolgung tritt nur auf Antrag[2]) ein und muß stattfinden, insofern der durch die Verletzung des Geheimnisses betroffene Steuerpflichtige dieselbe unter Darlegung des Sachverhalts beansprucht und nicht Rücksichten des öffentlichen Wohles entgegenstehen. Für die Stellung des Antrages gegen Vorsitzende und Mitglieder der Steuerausschüsse der Klasse I und gegen deren Stellvertreter ist der Finanzminister, im Uebrigen die Bezirksregierung zuständig.

1) Vgl. § 73 des Ges. Schlußsatz.

2) § 61 RStrGB.: Eine Handlung, deren Verfolgung nur auf Antrag eintritt, ist nicht zu verfolgen, wenn der zum Antrage Berechtigte es unterläßt, den Antrag binnen drei Monaten zu stellen. Diese Frist beginnt mit dem Tage, seit welchem der zum Antrage Berechtigte von der Handlung und von der Person des Thäters Kenntniß gehabt hat.

§ 73.

Die auf Grund der §§ 70 und 71 festzusetzenden, aber unbeitreiblichen Geldstrafen sind nach Maßgabe der für Uebertretungen geltenden Bestimmungen des Strafgesetzbuches für das Deutsche Reich (§§ 28 und 29) in Haft umzuwandeln.[1])

Die Untersuchung und Entscheidung in Betreff der in den §§ 70 und 71 bezeichneten strafbaren Handlungen steht dem Gerichte zu, wenn nicht der Beschuldigte die von der Regierung vorläufig festgesetzte Geldstrafe nebst den durch das Verfahren gegen ihn entstandenen Kosten binnen einer ihm bekannt gemachten Frist freiwillig zahlt.[2])

Die Regierungen sind ermächtigt, hierbei eine mildere, als die im § 70 vorgeschriebene Strafe in Anwendung zu bringen.[3]) [4])

Hat der Beschuldigte in Preußen keinen Wohnsitz,[5]) so erfolgt das Einschreiten des Gerichts ohne vorläufige Festsetzung der Strafe durch die Regierung. Dasselbe findet statt, wenn die Regierung aus sonstigen Gründen von der vorläufigen Festsetzung der Strafe Abstand zu nehmen erklärt[6]) oder der Angeschuldigte hierauf verzichtet.

Bei den gerichtlichen Entscheidungen[7]) ist hinsichtlich der Höhe der im § 70 vorgeschriebenen Geldstrafe die von der Regierung festzusetzende Jahressteuer zu Grunde zu legen.

Die Entscheidung wegen der hinterzogenen Steuer verbleibt in allen Fällen den Verwaltungsbehörden.[8])

In Betreff der Zuwiderhandlungen wegen der Verpflichtung zur Geheimhaltung (§ 72) findet nur das gerichtliche Strafverfahren statt.

1) Die §§ 28 u. 29 RStr.GB. lauten: § 28. Eine nicht beizutreibende Geldstrafe ist in Gefängniß und, wenn sie wegen einer Uebertretung erkannt worden ist, in Haft umzuwandeln.

Ist bei einem Vergehen Geldstrafe allein oder an erster Stelle, oder wahlweise neben Haft angedroht, so kann die Geldstrafe in Haft umgewandelt werden, wenn die erkannte Strafe nicht den Betrag von sechshundert Mark und die an ihre Stelle tretende Freiheitsstrafe nicht die Dauer von sechs Wochen übersteigt.

War neben der Geldstrafe auf Zuchthaus erkannt, so ist die an deren Stelle tretende Gefängnißstrafe nach Maßgabe des § 21 in Zuchthausstrafe umzuwandeln.

Der Verurtheilte kann sich durch Erlegung des Strafbetrages, soweit dieser durch die erstandene Freiheitsstrafe noch nicht getilgt ist, von der letzteren freimachen.

§ 29. Bei Umwandlung einer wegen eines Verbrechens oder Vergehens erkannten Geldstrafe ist der Betrag von drei bis zu fünfzehn Mark, bei Umwandlung einer wegen einer Uebertretung erkannten Geldstrafe der Betrag von Einer bis zu fünfzehn Mark einer eintägigen Freiheitsstrafe gleich zu achten.

Der Mindestbetrag der an Stelle einer Geldstrafe tretenden Freiheitsstrafe ist Ein Tag, ihr Höchstbetrag bei Haft sechs Wochen, bei Gefängniß Ein Jahr. Wenn jedoch eine neben der Geldstrafe wahlweise angedrohte Freiheitsstrafe ihrer Dauer nach den vorgedachten Höchstbetrag nicht erreicht, so darf die an Stelle der Geldstrafe tretende Freiheitsstrafe den angedrohten Höchstbetrag jener Freiheitsstrafe nicht übersteigen.

2a) Vergehen und Uebertretungen, welche durch Zuwiderhandlungen gegen die Vorschriften über die Entrichtung der Steuern begangen werden, verjähren in 5 Jahren. Vgl. Art. 5 des Ges. betr. einige Ergänzungen des Einführungsgesetzes zum Str.GB. v. 22. Mai 1852 und § 2 Abs. 2 des Einführungsgesetzes zum Str.GB. für den Norddeutschen Bund v. 31. Mai 1870.

2b) Bei dem fortgesetzten unangemeldeten steuerpflichtigen Betrieb eines Gewerbes beginnt die Frist zur Verjährung der Kontraventionsstrafe erst von der Beendigung des Gewerbebetriebes an zu laufen und kann demgemäß nach Art. V des Ges. v. 22. Mai 1852 und § 10 des Ges. über die Verjährungsfristen bei öffentlichen Abgaben v. 18. Juni 1840 die von dem Kontravenienten zu erlegende Steuer vom Beginn des unangemeldeten Gewerbes nachgefordert werden, wenngleich seitdem mehr als 5 Jahre verflossen sind. FME. v. 6. Jan. 1898, Mitth.H. 35 S. 61.

2c) Ueber die Befugniß der Regierung zur selbständigen Abstandnahme von der Einleitung eines Strafverfahrens zu vgl. Art. 51 Ziffer 4 d. A.

3a) Mindestes Strafmaß (vgl. § 27 RStr.GB. v. 26. Febr. 1876) ist für Geldstrafe bei Verbrechen und Vergehen 3 Mark, bei Uebertretungen 1 Mark.

3b) Die Regierung ist nicht befugt, diejenigen Strafen selbst zu erlassen oder zu ermäßigen, welche durch ein von ihr abgefaßtes und bereits publizirtes Strafresolut festgesetzt sind. A. Art. 51 Ziffer 4 letzter Absatz.

4a) Die Ermächtigung, mildere Strafen in Anwendung zu bringen, steht nur der Regierung, nicht auch dem Gerichte zu. Letzteres muß auf den doppelten Betrag der von der Regierung festgesetzten und ihm mitgetheilten Jahressteuer erkennen.

4b) Ueber das Verfahren bei den vorläufigen Straffestsetzungen zu vgl. Anweisung v. 30. Aug. 1876, betr. das Strafverfahren bei Gewerbesteuer-Untersuchungen.

5) Der Umstand, daß der Beschuldigte sich in Haft befindet, schließt nicht mehr, wie früher, die vorläufige

Straffestsetzung durch die Regierung aus. A. Art. 51 Ziffer 2a.

6) Z. B. wenn der Beschuldigte leugnet und umständliche Zeugenvernehmungen nothwendig werden, oder bei rückfälligen Kontravenienten, bezw. wenn zu erwarten steht, daß eine Geldstrafe wegen Unvermögens des Beschuldigten unbeitreiblich sein wird.

7) Hinsichtlich des gerichtlichen Verfahrens vgl. Abschnitt 3 des VI. Buchs der Strafprozeßordnung v. 1. Febr. 1877 über das Verfahren bei Zuwiderhandlungen gegen die Vorschriften über die Erhebung öffentlicher Abgaben und Gefälle.

8) Der Bezirksregierung vgl. § 70 Abs. 2.

Kosten.

§ 74.

Die Kosten der Steuerveranlagung und Erhebung fallen der Staatskasse zur Last.[1]) Jedoch sind diejenigen Kosten, welche durch die gelegentlich der eingelegten Rechtsmittel erfolgenden Ermittelungen veranlaßt werden, von dem Steuerpflichtigen zu erstatten, wenn sich seine Angaben in wesentlichen Punkten als unrichtig erweisen. Die Festsetzung[2]) der zu erstattenden Kosten erfolgt durch die Regierung, gegen deren Entscheidung die Beschwerde[3]) an den Finanzminister gestattet ist.

1) Die Kosten der Erhebung und Beitreibung der für die Zeit nach dem 1. April 1895 veranlagten Gewerbesteuer sind von den Gemeinden zu tragen. Ein Anspruch auf Vergütung für die bei der Veranlagung dieser Steuer ihnen übertragenen Geschäfte (§ 75 Abs. 1 des Gewerbesteuergesetzes) steht den Gemeinden nicht ferner zu.

Die Kosten der Veranlagung und Verwaltung der Gewerbesteuer werden, soweit sie nicht durch die den Gemeinden übertragenen Geschäfte entstehen, aus der Staatskasse bestritten, insbesondere sind aus derselben die den Vorsitzenden und Mitgliedern der Steuerausschüsse für Wahrnehmung der Geschäfte außerhalb ihres Wohnorts zu gewährenden Tagegelder und Reisekosten sowie die Gebühren für Zeugen und Sachverständige zu zahlen. Art. 54 d. A. Ziffer I 1, § 14 Abs. 1, § 15 Abs. 1, § 16 Abs. 1 des Ges. wegen Aufhebung direkter Staatssteuern v. 14. Juli 1893.

2) Die Entscheidung darüber, ob der Steuerpflichtige Kosten zu erstatten hat, trifft die für Entscheidung des Rechtsmittels zuständige Behörde (Steuerausschuß, Bezirksregierung, Oberverwaltungsgericht). Die Festsetzung der Kosten durch die Regierung erstreckt sich nur auf die Höhe derselben.

3) Die Beschwerde ist bei der Regierung einzulegen, an Form und Frist aber nicht gebunden. A. Art. 54 II. Abs. 4.

§ 75.

Den Gemeinden werden als Vergütung für die bei Veranlagung der Steuer (einschließlich der Betriebssteuer) ihnen übertragenen Geschäfte zwei Prozent der eingegangenen Steuer gewährt.[1])

Hinsichtlich der örtlichen Erhebung der Steuer verbleibt es bis auf Weiteres bei den bestehenden Bestimmungen mit der Maßgabe, daß die bisher zur örtlichen Erhebung der Gewerbesteuer verpflichteten Gemeinden die Gewerbe- und die Betriebssteuer zu erheben haben.[2])

Die Gemeinden erhalten für die Steuererhebung

eine Vergütung von zwei Prozent der Isteinnahme der zu erhebenden Steuer.[3])

1) Aufgehoben durch § 16 Abs. 1 des Ges. wegen Aufhebung direkter Staatssteuern v. 1. April 1895 ab.

2) Die Hebung der Gewerbesteuer liegt vom 1. April 1895 ab derjenigen Gemeinde ob, welche nach den Bestimmungen des Kommunalabgabengesetzes zum Bezuge des entsprechenden Steueraufkommens berechtigt ist. Vgl. § 11 Abs. 1 des Ges. wegen Aufhebung direkter Staatssteuern.

Die Betriebssteuer haben die Gemeinden (Gutsbezirke) von den Pflichtigen ihres Bezirks zu erheben. § 13 Abs. 1 a. a. O. Die Gemeinden (Gutsbezirke) der Landkreise haben die erhobenen Beträge am Schlusse eines jeden Vierteljahres an die Kreiskommunalkasse abzuführen.

3) Vom 1. April 1895 ab tragen die Gemeinden die Kosten der Hebung und Beitreibung allein. Vgl. § 15 Abs. 1 des Ges. wegen Aufhebung direkter Staatssteuern.

Oberaufsicht.

§. 76.

Die oberste Leitung des Veranlagungsgeschäfts im Staat gebührt dem Finanzminister. Ueber Beschwerden gegen das Verfahren der Steuerausschüsse und der Vorsitzenden derselben entscheidet die Bezirksregierung (§§ 29 und 30) und in weiterer Instanz der Finanzminister. Die Entscheidungen des letzteren sind endgültig.

§ 77.

Die in diesem Gesetze den Bezirksregierungen zugewiesenen Befugnisse und Obliegenheiten werden für die Haupt- und Residenzstadt Berlin von der Direktion für die Verwaltung der direkten Steuern in Berlin wahrgenommen.

§ 78.

Nachsteuer.

Steuerpflichtige, welche, entgegen den Vorschriften dieses Gesetzes, bei der Veranlagung übergangen oder steuerfrei geblieben sind, ohne daß eine strafbare Hinterziehung der Steuer stattgefunden hat (§§ 70 ff.), sind zur Entrichtung des der Staatskasse entzogenen Betrages verpflichtet.[1]) Die Verpflichtung erstreckt sich auf die drei Steuerjahre zurück, welche dem Steuerjahre, in welchem die Verkürzung festgestellt worden, vorausgegangen sind.[2])

Die Verpflichtung zur Zahlung der Nachsteuer geht auf die Erben, jedoch nur bis zur Höhe ihres Erbtheils, über.

Die Veranlagung der Nachsteuer erfolgt einheitlich für den ganzen Zeitraum, auf welchen sich die Verpflichtung erstreckt, nach den Vorschriften dieses Gesetzes durch die Bezirksregierung.[3])

1) Vom 1. April 1895 ab ist maßgebend § 9 des Ges. wegen Aufhebung direkter Staatssteuern, welcher bestimmt:

> Zum Bezuge von Nachsteuern (. . . . Gewerbesteuergesetz v. 24. Juni 1891 §§ 70, 78) ist diejenige Gemeinde berechtigt, welcher nach den Bestimmungen des Kommunalabgabengesetzes das entsprechende Steueraufkommen zusteht.

2) Modifizirung des § 6 des Ges. v. 18. Juni 1840 über die Verjährungsfristen bei öffentlichen Abgaben (Gesetz-Samml. S. 140).

3a) Also ohne Betheiligung der Steuerausschüsse.

3b) Gegen die Festsetzung ist Berufung zugelassen, über welche die Regierung entscheidet, gegen deren Entscheidung Beschwerde an das OVG. Entsch. d. OVG. v. 21. Febr. 1895, Entsch. i. St. Bd. IV S. 286. A. Art. 52 Ziffer 3.

Schlußbestimmungen.

§ 79.

Soweit das gegenwärtige Gesetz abweichende Bestimmungen[1]) nicht enthält, finden die Vorschriften des Gesetzes über die Verjährungsfristen bei öffentlichen Abgaben vom 18. Juni 1840 (Gesetz-Samml. S. 140) auf die Steuern vom stehenden Gewerbe und die Betriebssteuer Anwendung.

1) Vgl. § 34 Anm. 5 und § 78 Anm. 2 und wegen der Rechtsmittelfristen §§ 35 ff. des Ges.

§ 80.

Wo in den Gesetzen[1]) auf die bisherigen Steuerklassen Bezug genommen ist, treten an die Stelle der bisherigen Klasse A I die Klassen I und II; an Stelle der bisherigen Klasse A II die Klasse III, und an Stelle der bisherigen Klasse B die Klasse IV dieses Gesetzes; imgleichen an Stelle des Mittelsatzes der bisherigen Klasse A I ein Steuerbetrag von 300 Mark.[2])

1) Vgl. z. B. § 10 Abs. 2, § 12 Abs. 1, § 14 Abs. 4, § 86 Abs. 4, § 87 Nr. 3, § 98 Nr. 3 der Kreisordnung für die östlichen Provinzen v. 13. Dez. 1872 (Gesetz-Samml. 1881 S. 179) und die entsprechenden Bestimmungen der für die anderen Provinzen erlassenen Kreisordnungen. Ferner § 3 Abs. 2, §§ 23, 24 Ges. über die Handelskammern v. 24. Febr. 1870 (Gesetz-Samml. S. 134), Zuständigkeitsges. v. 1. Aug. 1883 § 134 (Gesetz-Samml. S. 237).

2) Ueber die Begründung des Satzes von 300 Mark als Grenzlinie für die Zuweisungen zu den Wahlverbänden der größeren ländlichen Grundbesitzer und der Landgemeinden siehe Komm.Ber. S. 31.

§ 81.[1])

Uebersteigt das Veranlagungssoll des Jahres 1893/94 einschließlich der Betriebssteuer den Betrag von 19 811 359 Mark um mehr als fünf Prozent, so findet in dem Verhältnisse des ganzen Mehrbetrages zu der genannten Summe eine Herabsetzung sowohl des Prozentsatzes für Klasse I (§ 9) als auch der Mittelsätze für die Klassen II, III und IV (§ 14) sowie der höchsten und — mit Ausschluß der Klasse IV — der niedrigsten Steuersätze statt. Diese Herabsetzung wird in angemessener Abrundung durch Königliche Verordnung festgestellt. Die in letzterer bestimmten Sätze sind für die Veranlagung für das Steuerjahr 1894/95 und die folgenden Jahre maßgebend.

Bleibt das Veranlagungssoll des Jahres 1893/94 hinter dem oben bezeichneten Betrage um mehr als fünf Prozent zurück, so findet in gleicher Weise nach

Maßgabe des Vorstehenden eine entsprechende Erhöhung des Prozentsatzes für die Klasse I und der Mittelsätze sowie der höchsten und der niedrigsten Steuersätze statt. Diese Erhöhung wird durch Königliche Verordnung für die Folgezeit wieder außer Kraft gesetzt, wenn das unter Anwendung der Prozent- und Mittelsätze der §§ 9 und 14 berechnete Veranlagungssoll der Gewerbesteuer einschließlich der Betriebssteuer den Betrag von 19 811 359 Mark — zuzüglich einer Steigerung von zwei Prozent dieses Betrages für jedes auf 1893/94 folgende Steuerjahr — erreicht.

1) Vom 1. April 1895 ab gilt § 10 Abs. 1 des Ges. wegen Aufhebung direkter Staatssteuern, welcher lautet:

Die Bestimmungen im § 81 des Gewerbesteuergesetzes v. 24. Juni 1891 werden aufgehoben.

§ 82.

Dieses Gesetz kommt zunächst bei der Veranlagung für das Jahr 1893/94 zur Anwendung.

Mit dieser Maßgabe und vorbehaltlich der Anwendung auf frühere Fälle treten die auf die Veranlagung und Entrichtung der Gewerbesteuer bezüglichen Vorschriften,[1]) insbesondere die Gesetze vom

30. Mai 1820 (Gesetz-Samml. S. 147),
19. Juli 1861 (Gesetz-Samml. S. 697),
20. März 1872 (Gesetz-Samml. S. 285),
5. Juni 1874 (Gesetz-Samml. S. 219)

am 1. April 1893 außer Kraft.

1) Hierher gehören auch die auf das stehende Gewerbe bezüglichen Vorschriften des Gesetzes v. 3. Juli 1876 (Gesetz-Samml. S. 247), z. B. § 17.

§ 83.

Der Finanzminister wird mit der Ausführung dieses Gesetzes beauftragt.

Urkundlich 2c.

Anhang 1.

Zusammenstellung der zulässigen Gewerbesteuersätze.

Klasse	Jährlicher Ertrag oder Anlage- und Betriebskapital				Mittelsatz	Zulässige Jahressteuersätze
	von Mk.	bis ausschließlich Mk.	von Mk.	bis ausschließlich Mk.	Mk.	Mk.
1	2	3	4	5	6	7
IV.	1 500	4 000	3 000	30 000	16	4 8 12 16 20 24 28 32 36
III.	4 000	20 000	30 000	150 000	80	32 36 40 48 56 64 72 80 88 96 108 120 132 144 156 168 180 192

Noch: **Zusammenstellung der zulässigen Gewerbesteuersätze.**

Klasse	Jährlicher Ertrag oder von Mk.	Jährlicher Ertrag bis ausschließlich Mk.	Anlage- und Betriebskapital von Mk.	Anlage- und Betriebskapital bis ausschließlich Mk.	Mittelsatz Mk.	Zulässige Jahressteuersätze Mk.
1	2	3	4	5	6	7
II.	20 000	50 000	150 000	1 000 000	300	156 168 180 192 228 264 300 336 372 408 444 480
I.	50 000 oder mehr		1 000 000 oder mehr		—	
	50 000	54 800	. . . . .	. . . . .		524
	54 800	59 600	. . . . .	. . . . .		572
	59 600	64 400	. . . . .	. . . . .		620
	u. s. w. in Stufen von je 4 800 Mk. mehr					u. s. w. um je 48 Mk. steigend.
	Für Erträge unter 50 000 Mk. kommen geringere Steuersätze als 524 Mk., jedoch nicht unter 300 Mk. zur Anwendung.					
	48 000	50 000	. . . . .	. . . . .		480
	44 400	48 000	. . . . .	. . . . .		444
	40 800	44 400	. . . . .	. . . . .		408
	37 200	40 800	. . . . .	. . . . .		372
	33 600	37 200	. . . . .	. . . . .		336
	weniger als	33 600	. . . . .	. . . . .		300

Anhang 2.

Auszug aus dem Gesetz wegen Aufhebung direkter Staatssteuern

vom 14. Juli 1893

(Gesetz-Samml. S. 119).

§ 1.

Behufs Erleichterung und anderweitiger Regelung der öffentlichen Lasten der Gemeinden (Gutsbezirke) werden die folgenden direkten Staatssteuern gegenüber der Staatskasse außer Hebung gesetzt:

1. die nach den Gesetzen vom 21. Mai 1861 (Gesetz-Samml. S. 253 und 317) sowie nach den hierzu ergangenen ergänzenden und abändernden Gesetzen veranlagte Grund- und Gebäudesteuer,
2. die nach dem Gesetze vom 24. Juni 1891 (Gesetz-Samml. S. 205) veranlagte Gewerbe- und Betriebssteuer.

§. 3.

Die Vorschriften der in den §§ 1 und 2 bezeichneten Gesetze bleiben, soweit nicht in dem gegenwärtigen Gesetze und in dem Kommunalabgabengesetze Abweichendes bestimmt ist, in Kraft.

Die Veranlagung und Verwaltung der Grund-, Gebäude- und Gewerbesteuer wird, soweit nicht in dem gegenwärtigen Gesetze Abweichendes bestimmt ist, unter Aufrechterhaltung der dieserhalb bestehenden gesetzlichen Einrichtungen vom Staate für die Zwecke der kommunalen Besteuerung ausgeführt. Die landständische Mitwirkung bei der Verwaltung der Grundsteuer innerhalb des kommunalständischen Verbandes der Oberlausitz (Gesetz, betreffend die definitive Untervertheilung und Erhebung der Grundsteuer u. s. w., vom 8. Februar 1867, § 49 — Gesetz-Samml. S. 185 —) wird hierdurch nicht berührt.

§ 4.

Die Veranlagung (§ 3) ist auf diejenigen Liegenschaften, Gebäude und Gewerbebetriebe auszudehnen, welche von der entsprechenden Staatssteuer freigeblieben, aber gemäß den Bestimmungen des Kommunalabgabengesetzes der Kommunalsteuerpflicht unterworfen sind.

Für die Veranlagung gelten, soweit nicht in dem gegenwärtigen Gesetze und in dem Kommunalabgabengesetze Abweichendes bestimmt ist, die allgemeinen gesetzlichen Vorschriften, welche bei der Heranziehung zu den entsprechenden Staatssteuern anzuwenden gewesen sein würden. Insbesondere sind gegen die Veranlagung dieselben Rechtsmittel zulässig, mit denen die Veranlagung der entsprechenden Staatssteuer hätte angefochten werden können.

§ 8 Absatz 1.

Soweit die Bestrafung von Zuwiderhandlungen gegen die Vorschriften über die Grund-, Gebäude- und Gewerbesteuer von der Vorenthaltung oder von dem Verluste der Steuer gegenüber dem Staate abhängig gemacht ist (Gebäudesteuergesetz vom 21. Mai 1861, § 17 Absatz 3; Gesetz, betreffend die definitive Untervertheilung und Erhebung der Grundsteuer in den sechs östlichen Provinzen, vom 8. Februar 1867, § 34 Absatz 3; Gesetz, betreffend die Ausführung der anderweiten Regelung der Grundsteuer in den Provinzen Schleswig-Holstein, Hannover und Hessen-Nassau, sowie in dem Kreise Meisenheim, vom 11. Februar 1870, § 1 — Gesetz-Samml. S. 85 —, Gewerbesteuergesetz vom 24. Juni 1891, § 70), gilt als vorenthalten (verloren) derjenige Betrag, welcher im Falle fortdauernder Hebung der Steuer zur Staatskasse nach Maßgabe der Veranlagung (§ 3 Absatz 2, § 4) zu entrichten gewesen sein würde.

§ 9.

Zum Bezuge von Nachsteuern (Gebäudesteuergesetz vom 21. Mai 1861, § 17 Absatz 4; Gesetz vom 8. Februar 1867, § 34 Absatz 4; Gesetz vom 11. Februar 1870, § 1; Gewerbesteuergesetz vom 24. Juni 1891, §§ 70, 78) ist diejenige Gemeinde berechtigt, welcher nach den Bestimmungen des Kommunalabgabengesetzes das entsprechende Steueraufkommen zusteht.

§ 10.

Die Bestimmungen im § 81 des Gewerbesteuergesetzes vom 24. Juni 1891 werden aufgehoben.

Das Aufhören eines steuerpflichtigen Gewerbes ist nicht der Hebestelle (§ 58 Absatz 1 a. a. O.), sondern dem Vorsitzenden des für die Veranlagung zuständigen Steuerausschusses anzuzeigen.

§ 11 Absatz 1 und 2.

Die Hebung und Beitreibung der Grund-, Gebäude- und Gewerbesteuer liegt derjenigen Gemeinde ob, welche nach den Bestimmungen des Kommunalabgabengesetzes zum Bezuge des entsprechenden Steueraufkommens berechtigt ist.

Die Ausfälle treffen die Gemeindekasse. Die Ermächtigung zum Erlasse und zur Ermäßigung veranlagter Steuern (Gesetz, betreffend den Erlaß oder die Ermäßigung der Grundsteuer infolge von Ueberschwemmungen, vom 15. April 1889, § 1 Nr. 1 — Gesetz-Samml. S. 99 —, Gewerbesteuergesetz vom 24. Juni 1891, §§ 44, 45) geht auf die Gemeinden über.

§ 12.

Die auf die Betriebssteuer bezüglichen Vorschriften des Gewerbesteuergesetzes vom 24. Juni 1891 gelangen nach Maßgabe folgender Bestimmungen zur Anwendung:

1. Erstreckt sich ein betriebssteuerpflichtiges Gewerbe über mehrere Kreise, so ist für jeden

dieser Kreise die Hälfte der im § 60 Nr. 1 und 2 a. a. O. bestimmten Steuersätze zu entrichten. Auf die im § 60 Absatz 2 a. a. O. bezeichneten Betriebsstätten findet diese Bestimmung keine Anwendung.

2. Die Betriebssteuer wird in den Landkreisen vom Landrath, in den Stadtkreisen vom Gemeindevorstande, in Berlin von der Direktion für die Verwaltung der direkten Steuern festgestellt.

Diesen Behörden stehen auch die Befugniß zur Herabsetzung der Betriebssteuer gemäß § 61 und die anderweite Feststellung gemäß § 65 Absatz 2 a. a. O. zu.

3. Die Betriebssteuer ist binnen zwei Wochen nach erfolgter Behändigung der Steuerzuschrift in einer Summe zu entrichten.

Die im § 61 a. a. O. bezeichneten Steuerpflichtigen haben die Steuer vor Eröffnung des Betriebes zu entrichten, oder, falls bis dahin die Steuerzuschrift noch nicht behändigt ist, einen von dem Gemeinde-(Guts-)Vorstande zu bestimmenden Geldbetrag bei der gleichzeitig zu bezeichnenden Kasse zur Deckung der Steuer zu hinterlegen, widrigenfalls ihnen die Ausübung des Betriebes nach Maßgabe des § 63 a. a. O. untersagt werden kann.

§ 13.

Die Gemeinden (Gutsbezirke) haben die Betriebssteuer in den veranlagten Beträgen (§ 12) von den Pflichtigen ihres Bezirks zu erheben.

Die Gemeinden (Gutsbezirke) der Landkreise haben die erhobenen Beträge am Schlusse eines jeden Vierteljahres an die Kreiskommunalkasse abzuführen.

Sofern die Gemeinden nach den Bestimmungen des Kommunalabgabengesetzes besondere Betriebssteuern eingeführt haben, müssen sie denjenigen Betrag, welcher sich bei Anwendung der Bestimmungen der §§ 60 bis 69 des Gewerbesteuergesetzes vom 24. Juni 1891 und des § 12 des gegenwärtigen Gesetzes ergeben würde, an die Kreiskommunalkasse abführen.

Die Kreise haben das ihnen zufließende Aufkommen der Betriebssteuer (Absatz 2 und 3) zur Bestreitung ihrer Ausgaben zu verwenden.

§ 14 Absatz 1 und 2.

Die Kosten der Veranlagung und Verwaltung der Steuern (§ 3 Absatz 2, § 4) werden, soweit sie nicht durch die den Gemeinden hierbei übertragenen Geschäfte entstehen, aus der Staatskasse bestritten.

Das Aufkommen an Gebühren, Kosten und Strafen im Bereiche der Grund-, Gebäude- und Gewerbe-(Betriebs-)steuer fließt in die Staatskasse.

§ 15 Absatz 1.

Die Kosten der Hebung und Beitreibung der Steuern (§§ 11, 13) sind von den Gemeinden zu tragen.

§ 16 Absatz 1.

Die gesetzlichen Bestimmungen über die Ansprüche der Gemeinden (Gutsbezirke) auf den Bezug von Vergütungen für die bei Veranlagung der Gewerbesteuer und der Einkommensteuer ihnen übertragenen Geschäfte (Gewerbesteuergesetz vom 24. Juni 1891, § 75 Absatz 1; Einkommensteuergesetz vom 24. Juni 1891, § 73 Absatz 1) treten außer Kraft.

§ 30.

Das gegenwärtige Gesetz tritt mit dem 1. April 1895, jedoch nur gleichzeitig mit dem Kommunalabgabengesetze und dem Ergänzungssteuergesetze in Kraft; die Bestimmungen der §§ 7, 10 Absatz 1, § 11 Absatz 3, § 14 Absatz 3, §§ 17, 25 Absatz 1 gelangen mit dem Tage der Verkündigung zur Geltung.

Die Veranlagung für die Zwecke der kommunalen Besteuerung (§ 3 Absatz 2, § 4) erfolgt nach den Vorschriften dieses Gesetzes zunächst für das Rechnungsjahr 1895/96.

Die am 1. April 1895 verbliebenen Rückstände der in den §§ 1, 2 bezeichneten Steuern werden nach Maßgabe der bis dahin geltenden Bestimmungen zur Staatskasse eingezogen; das Gleiche gilt von Nachsteuern und Strafen im Bereiche der Grund-, Gebäude- und Gewerbe- (Betriebs-) steuer.

Anhang 3.

Auszug aus dem Kommunalabgabengesetz
vom 14. Juli 1893

(Gesetz-Samml. S. 152).

§ 28.

Den Gewerbesteuern unterliegen in den Gemeinden, in denen der Betrieb stattfindet,

1. die nach dem Gewerbesteuergesetz vom 24. Juni 1891 (Gesetz-Samml. S. 205) zu veranlagenden stehenden Gewerbe;
2. die landwirthschaftlichen Branntweinbrennereien;
3. der Bergbau;
4. die gewerbsmäßige Gewinnung von Bernstein, Ausbeutung von Torfstichen, von Sand-, Kies-, Lehm-, Mergel-, Thon- und dergleichen Gruben, von Stein-, Schiefer-, Kalk-, Kreide- und dergleichen Brüchen;
5. die Gewerbebetriebe kommunaler und anderer öffentlicher Verbände;
6. die Gewerbebetriebe des Staates und der Reichsbank.

Diejenigen zu Nr. 2 bis 6 bezeichneten Betriebe, bei denen weder der jährliche Ertrag 1 500 Mark, noch das Anlage- und Betriebskapital 3000 Mark erreicht, ingleichen die nach § 3 Nr. 4 des Gewerbesteuergesetzes vom 24. Juni 1891 steuerfreien Gewerbebetriebe der Kommunalverbände bleiben von der Gewerbesteuer befreit. Auf die Betriebssteuer findet diese Bestimmung keine Anwendung.

Der Betrieb der Staatseisenbahnen und der der Eisenbahnabgabe unterliegenden Privateisenbahnen ist gewerbesteuerfrei.

Der Gewerbebetrieb im Umherziehen ist der Gewerbesteuer in den Gemeinden nicht unterworfen.

§ 29.

Den Gemeinden ist die Einführung besonderer Gewerbesteuern gestattet.

Die Gewerbesteuern können namentlich bemessen werden nach dem Ertrage des letzten Jahres oder einer Reihe von Jahren, nach dem Werthe des Anlagekapitals oder des Anlage- und Betriebskapitals, nach sonstigen Merkmalen für den Umfang des Betriebes oder nach einer Verbindung mehrerer dieser Maßstäbe.

§ 30.

Sind besondere Gewerbesteuern nicht eingeführt, so erfolgt die Besteuerung in Prozenten der vom Staate veranlagten Gewerbesteuer.

Die auf Grund der Einlegung von Rechtsmitteln erfolgte Erhöhung oder Ermäßigung der veranlagten Gewerbesteuer zieht die entsprechende Abänderung der Veranlagung zur Gemeindesteuer nach sich.

Die Veranlagung hat sich auf sämmtliche Gewerbebetriebe, einschließlich des Bergbaues, zu erstrecken, welche der Gemeindebesteuerung unterliegen (§§ 3, 4 des Gesetzes wegen Aufhebung direkter Staatssteuern).

§ 32 Absatz 1.

Erstreckt sich ein Gewerbebetrieb über mehrere Gemeindebezirke, so hat für den Fall der Erhebung von Prozenten der veranlagten Gewerbesteuer der zuständige Steuerausschuß auch für die im § 28 Nr. 2 bis 6 bezeichneten Betriebe die Zerlegung des Gesammtsteuersatzes in die auf die einzelnen Gemeinden entfallenden Theilbeträge zu bewirken (§ 38 des Gewerbesteuergesetzes vom 24. Juni 1891).

§ 76.

Gegen die Feststellung des Gesammtsteuersatzes für einen Gewerbebetrieb, der sich über mehrere Gemeinden erstreckt und nicht zur Staatsgewerbesteuer, aber gemäß § 28 Nr. 2 bis 6 zur Gemeindegewerbesteuer herangezogen wird (§ 32), finden dieselben Rechtsmittel statt, die im Falle der Veranlagung dieses Betriebes zur Staatsgewerbesteuer gegeben sein würden (§§ 35 bis 37 des Gewerbesteuergesetzes vom 24. Juni 1891).

Desgleichen finden auch in diesem Falle hinsichtlich der Zerlegung des Steuersatzes in die auf die einzelnen Betriebsorte entfallenden Theilbeträge die im § 38 a. a. O. wegen der Rechtsmittel getroffenen Vorschriften Anwendung.

Sachregister.

Die Zahlen bedeuten die Seiten, die in Klammern stehenden Zahlen weisen auf die Anmerkungen hin.

A.

C.

D.

E.

F.

G.

L.

M.

N.

O.

P.

T.

U.

V.

W.

Druck von Otto Walter in Berlin S.

FSC
www.fsc.org
MIX
Papier | Fördert
gute Waldnutzung
FSC® C083411

Kolibri 360 GmbH
Ferdinand-Jühlke-Straße 7
99095 Erfurt, Deutschland
produktsicherheit@kolibri360.de